中国名村志文化工程
Culture Project of Local Records of China's Famous Villages

兰英村志

LOCAL RECORDS OF LANYING

重庆市巫溪县兰英乡兰英村志编纂委员会　编

方志出版社
Publishing House of Local Records

图书在版编目（CIP）数据

兰英村志 / 重庆市巫溪县兰英乡兰英村志编纂委员会编 . -- 北京：方志出版社，2017.12

（中国名村志丛书）

ISBN 978-7-5144-2824-7

Ⅰ. ①兰… Ⅱ. ①重… Ⅲ. ①村史—巫溪县 Ⅳ. ① K297.195

中国版本图书馆 CIP 数据核字（2017）第 313602 号

· 中国名村志丛书 ·

兰英村志

编　　者：重庆市巫溪县兰英乡兰英村志编纂委员会
责任编辑：董　琳

出 版 人：冀祥德
出 版 者：方志出版社
地址　北京市朝阳区潘家园东里 9 号（国家方志馆 4 层）
邮编　100021
网址　http://www.fzph.org
发　　行：方志出版社图书经销中心
电话　（010）67110500
经　　销：各地新华书店
排　　版：北京纺印图文设计制作有限公司
印　　刷：北京中科印刷有限公司

开　　本：787 × 1092　1/16
印　　张：15.75
字　　数：278 千字
版　　次：2017 年 12 月第 1 版　2017 年 12 月第 1 次印刷

ISBN 978-7-5144-2824-7　　**定价**：126.00 元

◉ 序一

连绵不断地编修地方志是中国独有的优秀文化传统，承担着赓续文明、传承文化的重任。保存至今的8000余种、10万余卷历代方志，蕴含着传统文化基因和海量文化信息，既是中华优秀传统文化的重要组成部分，又是传承、彰显中华优秀传统文化的重要载体。

在各种类型的地方志编纂中，村志编纂古已有之，但从未进入国家层面的地方志编纂序列。新中国成立以来，党中央、国务院高度重视包括村志编纂在内的地方志工作，出台了重要文件。中央领导发表了重要讲话、作出了重要批示。习近平总书记高度重视包括村志编纂在内的地方志工作。2004年10月，他在担任浙江省委书记时到江山市凤林镇白沙村考察，看到村民编纂的《白沙村志》，鼓励村民把村志继续编纂下去。2014年4月，刘延东副总理在与第五次全国地方志工作会议部分会议代表座谈时指出："要结合发展的新形势，加强对地方志包括部门志、行业志、专题志、乡镇村志编纂的业务指导和服务。"2015年8月，国务院办公厅印发的《全国地方志事业发展规划纲要（2015—2020年）》，正式将中国名村志文化工程列为主要任务之一。2017年5月，中共中央办公厅、国务院办公厅印发的《国家"十三五"时期文化发展改革规划纲要》指出："完成省、市、县三级地方志书出版工作。开展旧志整理和部分有条件的镇志、村志编纂。"可以说，村志编纂迎来了历史上的最好时期。

农业、农村、农民"三农"问题，是数千年来影响中国社会发展最核心的问题。中共中央高度重视"三农"工作，从2004年起，连续13年，每年的中央1号文件都聚焦"三农"。中共十九大报告更是提出"农业农村农民问题是关系国计民生的根本性问题，必须始终把解决好'三农'问题作为全党工作重中之重"，特别是提出了"乡村振兴战略"，这是中国共产党在中国特色社会主义进入新时代后，对农村发展问题所做出的准确把握和与时俱进的战略应对，是建设中国特色社会主义强国战略的重要组成部分。改革开放近 40 年来，在党中央、国务院高度重视社会主义新农村建设的新形势下，各地涌现出一大批历史文化名村、经济强村、新农村建设示范（试点）村、美丽乡村和特色村，成为先进生产力和先进文化的代表。客观记录中国农村全面建成小康社会的进程，向后人展示在中国共产党领导下农村千年未有的巨变，是地方志工作者肩负的光荣而重大的历史使命。编纂中国名村志丛书，是记载当代中国农村发展变革的重要途径。

文化寻根，寻的是其发展的源头和根基。村落是中国传统文化的根基所在。农村的生产生活方式、社会规范、宗族文化、宗教文化、民风习俗、传统节日、民间艺术等，无不镌刻着中国人独特的民族性格，这就是家国情怀、文脉绵延、精神归属。在快速城镇化进程的冲击和开发性破坏下，大量传统村落面临消亡的危机，村落蕴含的历史文化信息也流失殆尽，抢救性保护刻不容缓。编纂中国名村志丛书，是保存村落历史文化信息，抢救、保护村落文化最好的方式。

一方水土养一方人。家乡的山水草木、村间小巷、乡俗民情会在每个人心头留下深刻的烙印，这就是故土情结。而村落的形成与发展离不开人的活动。编纂中国名村志丛书，通过记述村落建筑、名门望族来追溯村落的历史；通过记述村落规模、布局、人口、物产等反映人口来源、宗族兴衰、生活习惯、文化背景、宗教信仰、经济发展等，体现环境与人相互影响、相互作用、相互发展的既矛盾又统一的关系；通过记述戏剧、音乐、舞蹈、美术、文学、手工技艺等文化形式，展示百姓在长期的生产生活实践中摸索和总结出的智慧结晶，强化人们沟通感情的纽带。编纂中国名村志丛书，是传承乡俗、诉说乡音、记住乡愁、纾解乡思，激活历史传统、唤起共同文化记忆、塑造共同心灵认同的重要文化工程。

中国名村志文化工程以践行文化自信、传承中华文脉、彰显时代发展为己任，以打造全国地方志系统的重要品牌为目标，在体裁运用、篇目设置、资料选择等方面进行大量的创新，突出“名”和“特”，拣选各个名村中最值得记述、最具有代表性的人、事、物，予以浓墨重彩的描画，从而形成系列的、高质量的、可读性强、雅俗共赏的地方志读本，让地方志紧接地气、贴近百姓，让地方志成果进入寻常百姓家，让人民群众共享地方志成果，让越来越多的人从地方志中感知传统、历史和记忆，成为传统村落和传统文化的守护者，成为中华优秀文化的传承者。

是为序。

中国社会科学院院长
中国地方志指导小组组长
2017 年 11 月

◉序二

习近平总书记指出："让居民望得见山，看得见水，记得住乡愁。"这句富有诗意的重要论述不仅唤醒了中国人城镇化建设过程中对于人和自然关系、人和历史关系的思考，同时也引发了学界对"乡愁"进一步进行文化意义解读的兴趣。从本质上看，乡愁是一种源自主体体验的情感，隐含了一种人们带着乡愁追寻自我生存与生命意义、追寻诗意栖居的精神家园的美学思辨。同时，这种追寻自我生存的主体逐渐转向大众群体，乡愁也由传统单一的"文化乡愁""爱国情怀"演变为对于"理想家园"的精神追求。

中国有近60万个村庄，约有5000个古村落，被住房城乡建设部和国家文物局界定的传统村落就有1561个。随着中国城镇化步伐的加快，乡村的版图日渐凋敝，大批农村青壮年劳动力走进城镇，融入了新的生活。然而，每逢传统佳节，那种挥之不去的离愁别绪挟裹着亿万农民工，又融入了返乡的滚滚洪流。这是乡愁的情愫牵动着他们，是故乡的山、故乡的水、故乡的老屋、故乡的小吃在牵动着他们，是故乡家家户户的楹联和口口相传的故事，以及只有在隆重的传统佳节才有的古老的民风习俗在牵动着他们。

文化可以体现一个民族、一个国家、一个社会的重量与体温，这是文化的力量之所在，而村落是传统中国的根脉所系，乡土社会是最能够体现中国传统文化特征的地方。梁漱溟曾指出："中国文化是以乡村为本，以乡村为重，所以中国文化的根就是乡村。"我曾在《建设社会主义新农村的理论与实践》一书中指出，在新农村建设的过程中，必须"保护和发展有地方和民族特色的优秀传统文化，创新农村文化生活的载体和手段，满足农民群众多层次、多方面的精神文化需求"，而编纂村志尤其是实施中国名村志文化工程就是一个重要举措。实施中国名村志文化工程，编纂中国名村志丛书，以最基层的村落为研究对象，寻根传统村落的历史，梳理村落的发展脉络，以唤起人们的归属感和认同感，探索新型城镇化和社会主义新农村建设过程中，如何留住乡音、乡风、乡思，继承传统文化精华，挖掘丰富历史智慧，是贯彻落实中央城镇化工作会议精神和中共十九大提出的“乡村振兴战略”的重要举措，是当前和今后一个时期全国地方志工作者的重要工作。

虽然村落文化正在日益远离当下生活，但我们可以抓住诸如基本村情、文物胜迹、古村保护、特色文化、旅游名胜、村域经济、风土民情、村民生活、新农村建设、艺文杂记、名人与名村等关键内容，通过志书的手法来诠释乡村文化的精华。我们如实记录着村落里的人和事，以及青山绿水、小河大树、袅袅炊烟，力争以最完整、最原真的方式呈现村落的前世今生。我们要为“迷失”的人留住乡村文化的根脉，让人们难以割舍的乡愁得以慰藉和释放。

中国名村志文化工程将触角伸向那些极具代表性的村落，它们有的历史悠久、名人辈出，有的经济腾飞、重获新生，有的风景秀丽、景观独特，有的地处边陲、神秘莫测……我们挖掘中国不同类型村落的发展之路，为探索新型城镇化和社会主义新农村建设的发展经验、发展模式、前进道路提供历史智慧和现实借鉴。因此，打造以重在表现乡村嬗变为主旨的中国名村志丛书十分必要和迫切，这是一项功在当代、利在千秋的文化工程。

近年来，随着中国经济社会的发展和国际地位的提高，越来越多的人想要认识中国、了解中国、研究中国。在这样的形势下，乡村是不可或缺的一环，我们要集中讲好发生在乡村的故事，向世界呈现一个多元的、立体的中国。乡村历经岁月变迁的风雨，见证着改革开放的步伐，寄托着数代中国人的情感。发生在乡村的故事无疑是血肉丰满的、震撼人心的、引起共鸣的。我们应该有这个自信能够讲好乡村故事，讲好中国故事，描绘出中国的底色，“让每一个中国人都能在地方志中找到自己的位置”。

可喜的是，越来越多的有识之士认识到了这一点，加入到保护、传承、发展村落文化的队伍中来。仅就编纂中国名村志丛书来看，第一批的申报范围就涵盖包括香港特别行政区在内的 32 个地区，申报数量高达 70 余部。“直笔著信史，彰善引风气，为当代提供资政辅治之参考，为后世留下堪存堪鉴之记述”，这是我们的初心和使命。希望中国名村志文化工程的实施，能够带动更多的人关注中国乡村文化，为社会主义文化强国建设作出更大的贡献。也希望越来越多的名村都来融入继承中华文化传统、颂扬中华传统文化的活动中，让正能量更多地润泽温暖人们的心灵，让更多的人“记得住乡愁”！

是为序。

中国社会科学院副院长
中国地方志指导小组常务副组长　李培林
2017 年 11 月

◉ 中国名村志文化工程专家委员会

名誉主任　徐匡迪
主　　任　王伟光
常务副主任　李培林
委　　员（按姓氏笔画排序）
毛其智　叶裕民　李　铁　李善同　杨保军　柳　拯
倪鹏飞　魏后凯

◉ 中国名村志文化工程学术委员会

主　　任　李培林
常务副主任　冀祥德
副主任　刘玉宏　邱新立
委　　员（按姓氏笔画排序）
于伟平　王　晖　王铁鹏　巴兆祥　田　嘉　苏炎灶
李　江　李孝聪　张大伟　张英聘　陈泽泓　陈　强

◉ 重庆市巫溪县兰英乡兰英村志编纂委员会

主　　任　黄作盛

副主任　陈伯凯　王美君　杨良明

委　　员　吴　健　程　翀　胡昌军　易昌泉

王又彬　肖前安　秦永发

◉ 重庆市巫溪县兰英乡兰英村志编纂人员

主　　编　王常林

编　　辑　王常林　郑　钰　王又彬　谭　欣

秋色　　　　　　　　　　　　　　　　　　　　　　吴忠麟　摄

◉中国名村志丛书凡例

一、以马克思列宁主义、毛泽东思想、邓小平理论、“三个代表”重要思想、科学发展观、习近平新时代中国特色社会主义思想为指导，坚持辩证唯物主义和历史唯物主义的立场、观点和方法，存真求实，全面、客观、系统记述我国村落发展变化进程和改革开放成果，传承和抢救乡土历史文化，激发爱国爱乡情怀，为探索中国特色新型城镇化建设、社会主义新农村建设的发展经验、发展模式、前进道路提供历史智慧和现实借鉴。

二、为全面反映入志事物发展脉络，各志上限尽量追溯至事物发端；下限一般断至各村志启动编修年份，个别重大事项可延至搁笔。

三、记述地域范围以下限年份的行政辖区为主。为体现名村在更大区域内的意义，可以从更开阔的区域视野记述与该村相关的内容。

四、统一采用纲目体，设类目、分目、条目三个层次。横排门类，纵述史实。除《中国名村志丛书基本篇目》要求的必设类目外，其余类目根据各村实际，依照突出时代特色、地方特色的原则自行安排。

五、综合运用述、记、志、传、图、表、录等各种体裁，以志体为主。

六、除引用文字和附录文献资料外，统一使用规范汉字及现代语体文记述体。记事坚持秉笔直书、述而不作，只记事实，不作评论，寓观点于材料之中。行文力求朴实、严谨、简洁、流畅、优美，具有较强可读性。

七、人物部类遵循“生不立传”原则，人物传主按生年排序，只选录对本村发展有重大影响的人物，不面面俱到。

八、所需数据一般采用政府统计部门数据，无政府统计部门数据时选用主管部门正式提供的数据。

九、数字用法、标点符号、计量单位分别执行国家标准《出版物上数字用法》（GB/T15835—2011）、《标点符号用法》（GB/T15834—2011）、《国际单位制及其应用》（GB3100—1993）和《有关量、单位、符号的一般原则》（GB3101—1993）。历史上使用的计量单位，如斗、石、里、尺、磅、华氏度等，在引文时可照录。考虑到社会使用习惯，全书中亩不统一换算，1 公顷＝ 15 亩。

十、自中华民国成立后的纪年，均使用公元纪年。志中所称“解放前（后）”，以当地解放日为界；“新中国成立前（后）”，以中华人民共和国成立日 1949 年 10 月 1 日为界；“改革开放前（后）”，以中共十一届三中全会召开的 1978 年 12 月为界。本志“×× 年代”，凡未加世纪者，均指 20 世纪的年代。

十一、为节省篇幅，避免重复，本志采用条目互见法。参见条目的表示形式为：参见本志“×× 类目 · ×× 分目 · ×× 条目”。

十二、对旧志、古籍中的繁体字、冷僻字一般用简化字或通用字替换，易引起误解的则保留。

十三、记述各个历史时期的党派、机构、职务、地名等，均以当时的名称为准。对频繁使用的名称，首次用全称，其后用简称。

十四、各村志需要单独说明的事项，均在各自编纂始末中记述。

兰英村在中国的位置

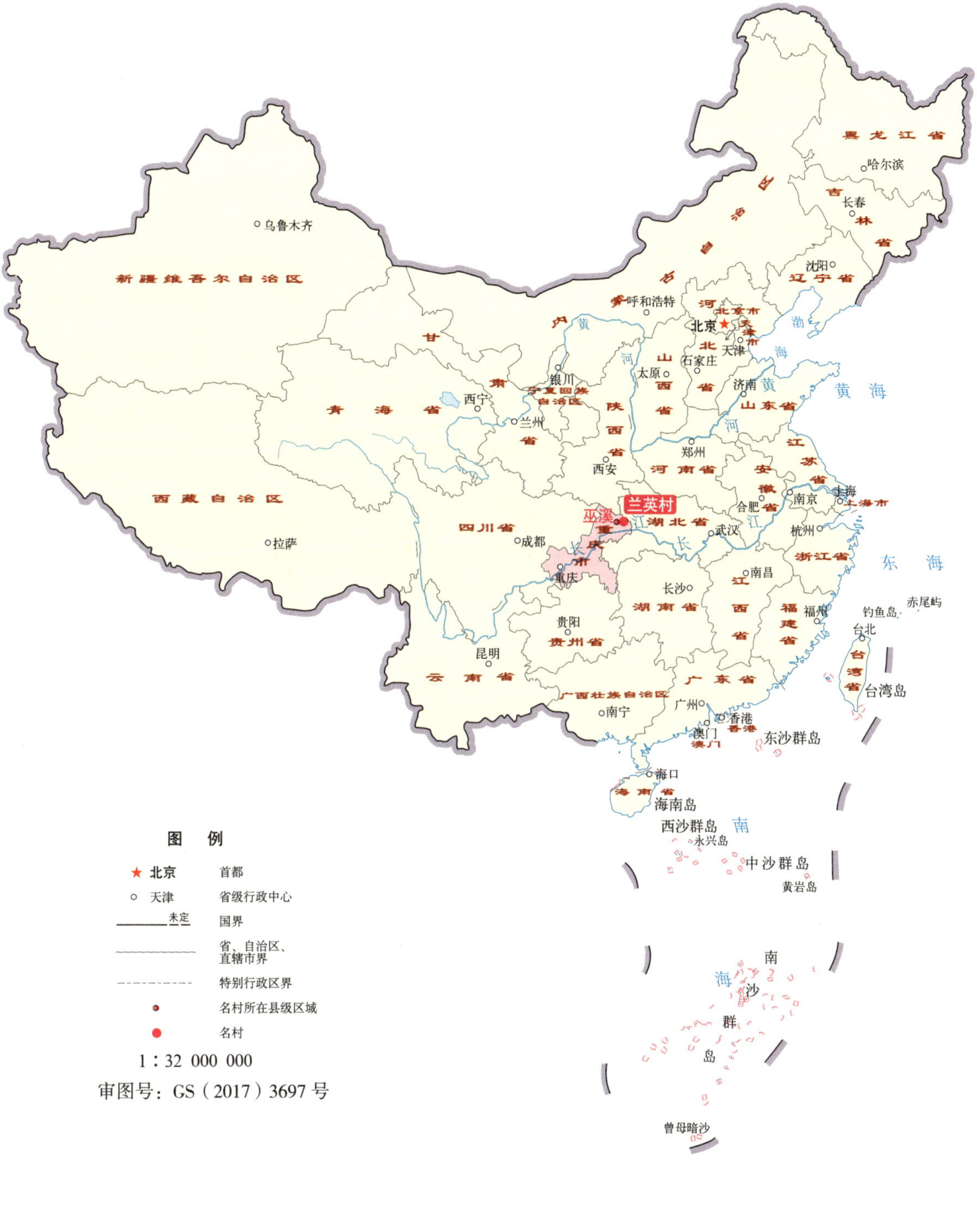

黑龙江省
哈尔滨
吉林省
长春
沈阳
辽宁省
内蒙古自治区
呼和浩特
北京市
北京
天津市
天津
河北省
石家庄
山西省
太原
山东省
济南
渤海
黄海
黄河
新疆维吾尔自治区
乌鲁木齐
甘肃省
兰州
宁夏回族自治区
银川
青海省
西宁
陕西省
西安
河南省
郑州
江苏省
南京
上海市
上海
安徽省
合肥
兰英村
巫溪
重庆市
重庆
湖北省
武汉
长江
西藏自治区
拉萨
四川省
成都
浙江省
杭州
东海
江西省
南昌
湖南省
长沙
福建省
福州
钓鱼岛
赤尾屿
台北
台湾省
台湾岛
贵州省
贵阳
云南省
昆明
广西壮族自治区
南宁
广东省
广州
香港
澳门
东沙群岛
海口
海南省
海南岛
西沙群岛
永兴岛
中沙群岛
黄岩岛
南海
南沙群岛
曾母暗沙
图　例
北京　首都
天津　省级行政中心
未定　国界
省、自治区、直辖市界
特别行政区界
名村所在县级区域
名村
1∶32 000 000
审图号：GS（2017）3697号

兰英村在重庆市的位置

图例

重庆	省级行政中心
彭水	区政府
	省级界
	县级界
	名村所在县级区域
	名村所在乡镇
	名村

1：3 120 000

审图号：GS（2017）3697 号

兰英村平面示意图

双
神龙架
当
阳
乡
阳
乡
镇
阳
官
镇
通
城
阴条岭景区
西
安
村
高
洞
村
兰
英
村
大
峡
谷
兰英乡政府
兰英村委会
图 例
乡 界
村 界
公 路
河 流
山 峰
乡政府驻地
村委会驻地
地 名
比例尺：1:95000

高峡幽谷

董宴 摄

兰英新居　　　　敖伟　摄

红豆杉　　　　苏长杰　摄

最美村公路　　冉瑞荣　摄

龟行红叶里

苏长杰 摄

挂壁公路（一）　　代纯明　摄

峡谷中的田野　　代纯明　摄

目录

绿色山村　高山峡谷谱华章

兰英村拥有极具视觉冲击力的兰英大峡谷和阴条岭国家级自然保护区，青山绿水，生态优美。村民因地制宜，长期过着自给自足的农耕生活，流传并保存了丰富的原生态民俗文化，其中婚丧节俗礼仪隆重，而五句子山歌、民间故事等被列为重庆市非物质文化遗产。改革开放后，国家加大了精准扶贫力度，兰英村的经济、基础建设得到了长足发展，村民过上了幸福生活。

兰英村志

地貌百变景万千，民俗文化原生态。
生活灵巧自给足，脱贫攻坚不等闲。

兰英村隶属重庆市巫溪县兰英乡，位于巫溪县东部，南部和西部与巫山县当阳乡、巫溪县兰英乡西安村毗邻，东部与湖北大九湖相依，北部与巫溪县双阳乡接壤，距离巫溪县城 30 千米。村境地处渝鄂要冲，山高林密。当地一直流传着《薛刚反唐》的民间故事，相传薛刚、纪鸾英夫妇反唐时，曾在兰英村的高山草地上厉兵秣马，长久活动。因当地方言“鸾”“兰”不分，故将纪鸾英称为纪兰英，村名即源自民间故事中这位巾帼英雄的名字。2016 年，兰英村有高坪社、同兴社、牛郎社、双坪社、兰英社 5 个社，286 户 1006 人。全村总面积 54.6 平方千米，其中，占兰英大峡谷 15.9 平方千米，占阴条岭国家级自然保护区 38.7 平方千米，同时拥有大峡谷和原始森林风貌，是环境优美的生态名村，与周边的神农架、巫山、大官山、云台寺等旅游名胜连为一体，已成为重庆市巫溪县、巫山县、奉节县金三角旅游重要景点区。

◉ 青山绿水　生态美

兰英村的低山部分在兰英大峡谷里，峭壁耸立，水响瀑鸣，高山部分属阴条岭国家级自然保护区，莽莽原始森林一望无边。村内海拔高差大，十里不同天，植被层次分明，四季风光迷人，珍禽异兽出没其间，无空气、水、噪声和固体废弃物等污染，森林覆盖率高达 80% 以上，人与自然和谐相处。

走进兰英村，一条蜿蜒远走的巴岩子河，清波荡漾，将地形切割成幽深的大峡谷，两岸的溪流、瀑布从天坠落，声响远播。奇峰怪石直插蓝天、姿态各异，悬崖绝壁宛若刀削、猿猴不及，阴晴朝暮云蒸霞蔚滚雾流岚，寒来暑往青红紫绿色彩斑斓。地貌百变景万千,一步一景，步步皆景。

当海拔直上 1300 多米后，方能见到山上之山。进入平缓的台原地带，可以看到许多纵横交错的浑厚山峦，植被茂盛，饱满的山峦之间是平坦的高山草场。这就是阴条岭国家级自然保护区，藏有大量珍稀濒危物种，是难得的“天然物种基因库”，拥有重庆市唯一的原始森林和无污染的高山草场，被誉为“三峡第一园”。主峰阴条岭海拔 2796.8 米，是重庆市最高峰，被称为“重庆第一峰”。园区内珍贵动植物随处可见，风光与兰英大峡谷迥然不同。一望无际的原始森林，春天深深浅浅的嫩绿在枝头摇曳，充满了无限生机；夏季绿涛翻滚，空气里弥漫着各种花与药的香味，沁人心脾；秋日里艳阳高照，瓦蓝瓦蓝的天空中，飘浮着几朵白云，下面是道不完的色彩，那层层叠叠的黄和红，是秋风、秋霜染成的各种乔木的容颜，常绿树木和翠竹是绝佳的点缀；冬天白雪皑皑，玉树琼枝，鸟兽无法隐身遁迹，是绝妙的风景。

白壁　　敖伟　摄

兰英村高山台原地带

李磊 摄

◉ 山歌小调　原生态

兰英村被群山深谷包围，村民长期过着自给自足、自得其乐的乡野生活。大山隔阻了外界的侵扰，使兰英村形成了独具魅力的民俗文化，不少传统民居、传统技艺、民间奇术、山歌小调、传统民俗等至今保存完好，原汁原味。兰英村五句子山歌作为巫溪县五句子山歌的一部分，兰英村民间故事作为巫溪县民间故事的一部分，被列为重庆市非物质文化遗产。

兰英村民因地制宜，发挥聪明才智，灵巧地选择、利用当地资源，建房时土、竹、木、石结合，做到了温暖、透气、美观、节约。农家火塘（地下挖的四方小坑，用于烧火）四季不熄，吊锅炖腊肉土鸡，香味袭人，爽口益胃。

兰英村医药中的推拿、烧灯火、接骨斗榫、煎服中草药等都是治病救人的传统项目，简单节约，行之有效。教育上的“肉口传”，强调用“心”记，多实践。一些民间工艺，如刺绣、编织、石雕、漆工、木工等，独具匠心，展现了兰英村人心灵手巧的一面。

走在兰英村的土地上，高亢悠长的山歌在峡谷山林里穿梭。兰英村人爱唱山歌，尤其喜欢唱“五句子山歌”。五句子山歌与诗词相比，在语言上不要求避“俗”求雅，而是广用村言俗语，清新、朴实、自然，富有浓郁的生活气息和地方色彩，易懂易记、朗

雾中村舍　　李朝元　摄

朗上口。五句子山歌没有太多的哀怨忧愤，而是以欢快直露、纯朴真挚见长。形式上多是自由对答和往来，男女感情直接交流，充满着男欢女悦之情。兰英村的五句子山歌反映了村民生活的方方面面，歌词以七字句为基础，每首五句，内容生动形象，请听：

对面河边一树桃，
桃树下面架铁桥，
郎走三步溜溜闪，
妹走三步闪溜溜，
闪不断铁桥情不丢。

兰英村人干活时，尤其是妇女们做针线活时喜欢唱民间小调。过年过节或下雨天休息时，人们也喜欢聚在一起唱或听别人唱。小调歌词通俗，音调优美，抒情性强，唱法简单，普及性强。兰英村的民间小调历史久远，以反映爱情和劳动的居多，至今仍保留并传唱的有《探妹歌》《探郎歌》《十把扇儿》《采茶歌》《绣荷包》《十送》《十想》《帕子歌》《十劝》《十杯酒》等。

兰英村由于长期生活在幽谷深山中，人们深受传统观念、信仰、生产生活方式的影响，形成和保存了种种古老、淳朴的节俗、婚俗、丧俗、酒俗、食俗。村民们普遍崇尚自然，尊重生命，认为婚姻是孕育生命的开始，丧葬是生命的终结，所以婚丧仪式异常隆重，各有一套传承久远的典礼程序，幸运地保存了下来，并成为巫溪县非物质文化遗产。兰英人尤其重视春节、清明、端午、月半（中元）等节日，逢期都要接已出嫁的姑娘回家吃饭。生产中遇农历“戊”日休息，不动土。

◉ 靠山吃山　共脱贫

兰英村山高坡陡，沟壑纵横，耕地少，土质差，自然灾害频繁，农业生产条件和农民生存条件恶劣，长期以来都属经济落后地区，贫困面大，贫困人口多。中华人民共和国成立之初，国家就下放救济粮和救济衣帮助困难户。1955 年，兰英村 40% 的人口接受救济，是历史上接受救济人口最多的年份。

1987 年巫溪县下达第一批扶贫项目专项贴息贷款，其中兰英村获得 6000 元，主要用于药材种植和经济林种植。这次贴息贷款使兰英村的药材种植普遍发展起来，1990 年兰英村人均年收入 400 元，从此解决了温饱问题，但全村仍未脱贫。

车行乌龟包　　董宴　摄

1997 年，兰英村开始大力发展烤烟，前期生产成本从银行贷款，县烟草公司贴息，贴息贷款连续实施 15 年，全村年均贷款 15 万元。村民收入开始大幅度增长。同时兰英村人开始修建村内第一条土石公路，修建时困难重重，政府仅提供购买炸药费用，其他费用村民自筹，运送修路设备、器材全靠人力，修路还要经过兰英大峡谷，而兰英村段从峡谷底到峡谷顶，垂直距离 1600 多米，要急拐好几道弯才能上去。于是兰英村人男女老少齐上，不分白天黑夜地干，用简陋的工具挖、刨，开山碎石来砌路基、填地面，花了三年多时间，终于在 1999 年建成通车。这一年成为兰英村人出行的转折点，兰英村民迎来了以车代步的时代。

2005 年，兰英村有“五不通（不通路、电、水、电视、电话）”窎远户 76 户，根据高山移民政策，村里组织村社干部将这些户的耕地、林地、宅基地进行核实登记，完成了搬迁的基础工作。2008 年 6 月，兰英村正式启动易地扶贫生态移民工程，逐年有计划地实施搬迁。

2010 年，在巫溪县、兰英乡政府的领导下，兰英村实施三年项目增收工程，依托扶贫政策，确定了以烤烟、山羊、土鸡为主的增收产业。县畜牧兽医局对兰英村给予项目扶贫资金补助，山羊每只补助 100 元，土鸡每只补助 10 元。并积极探索林下种草养畜、林下种药、林果发展（核桃、板栗）等多种复合型发展模式。

2012 年，三年项目增收工程完成时，兰英村成功实现户均增收 12355.14 元，人均

牧羊　　　　吴健　摄

增收3426.25元。全村种植烤烟1000亩，产烟约150吨，均价10.97元，位列全县第一，达到历史最高水平，村民烤烟年人均收入从1997年的700元上升到3400元。

兰英村通过贴息贷款、高山生态移民搬迁、项目增收等，成功带领部分贫困户脱贫致富。但兰英村致贫原因复杂，如因病致贫、因学致贫、因残致贫、缺技术致贫、缺劳动力致贫、交通条件落后、缺土地、自身发展动力不足等。此外，特殊困难群体如五保户、低保户、60岁以上老人、部分或全部失去劳动能力者较多，脱贫难度大。

2014年，兰英村被巫溪县确定为整村脱贫村，全村286户1006人，有建卡贫困户

兰英流云

66 户 241 人。在扶贫政策的支持下，兰英村实施房屋改造，全村掀起了建水泥砖房的热潮，100 多户新建了砖房，全村 50% 的家庭住上了砖房，不少家庭还是小洋楼。

2015 年，兰英村整村脱贫工程全面展开，全年脱贫 9 户 31 人，新增 1 户 4 人。

2016 年，由乡村干部对贫困户实施“一对一”结对帮扶，为帮扶户制定脱贫方案，争取产业发展资金，实施精准扶贫，开发新项目，全年脱贫 41 户 154 人，新增 24 户 82 人。

截至 2017 年，兰英村共实施高山生态移民搬迁 55 户 182 人；在境内修建了 31 千

余学举　摄

米的公路；实施了人畜安全饮水工程，95% 的村民喝上了清洁的自来水；建立了移动通信基站和电视卫星接收站，移动信号、广播电视信号、4G 网络全覆盖；植树造林成绩显著，全村绿化面积达 80%，成为生态保护区。村民生活条件大大改善，家用电器、新式家具、小汽车等走进了兰英村民家。

兰英村为了达到整村脱贫致富的目的，在新时代又开始了新一轮的精准扶贫、脱贫攻坚工作。以绿水青山就是金山银山的理念，走“基础强村、产业富村、旅游活村”之路，坚持扶贫开发与生态保护并重。在因地制宜强化传统种养经济的前提下，充分利用境内丰富的自然生态优势和民俗文化优势，打造峡谷人家，建设养生休闲兰英，发展旅游经济，让村民一步步坚实地奔向小康生活。

兰英村钟灵毓秀，不乏杰出人物，如威震敌胆的抗日英雄曾庆益，靠勤劳致富广施仁爱的乡绅向国美等。兰英村境内的巫盐古道，是以前巫溪县大宁盐厂到湖北神农架和房县的必经之地，来来往往的盐背子在陡峭的山路上用汗水书写了生命的赞歌，留下了许多生动感人的故事。历史上许多豪杰枭雄也在兰英村留下了深深的足迹，如张飞在兰英刘和尚洞剿匪、张献忠出川过兰英、贺珍屯兵兰英寨、王聪儿在兰英寨建白莲教后方大营等。丰富的动植物资源也吸引了知名科学家前往考察，如英国植物学家威尔逊在阴条岭兰英寨考察植物等。

望得见山，看得见水，记得住乡愁。灵秀的山水、灵动的文化、灵巧的生活、灵慧的生命，组成了高山峡谷里灵妙的韵律，不断奏响时代强音，创造着兰英人最本真、最幸福的生活。

兰英村情

兰英村位于重庆市巫溪县兰英乡境内，同时拥有大峡谷和原始森林风貌。村域低山部分在兰英大峡谷内，巴岩子河蜿蜒而过，水响瀑鸣，奇峰怪石直插蓝天、姿态各异，悬崖绝壁宛若刀削、猿猴不及。高山部分属阴条岭国家级自然保护区，纵横交错的山峦之间是平坦的高山草场，植被茂盛，拥有大量珍稀濒危物种，是难得的“天然物种基因库”，拥有重庆市唯一一片原始森林和无污染高山草场，被誉为“三峡第一园”。

村内海拔高差大，植被层次分明，四季风光迷人，阴晴朝暮云蒸霞蔚滚雾流岚，寒来暑往青红紫绿色彩斑斓，可谓地貌百变景万千，一步一景，步步皆景，且无空气、水、噪声和固体废弃物等污染，是环境优美的生态名村。

◉ 村落形成

村名由来 兰英村的名字来源于民间故事《薛刚反唐》中一位巾帼英雄的名字——纪鸾英。因当地方言“鸾”“兰”不分，故称纪鸾英为纪兰英。传说纪兰英是薛刚的夫人，在《薛刚反唐》的故事中被历代文人演绎成传奇。相传薛刚、纪兰英夫妇在兰英村的高山草地上厉兵秣马，长久活动，留下了著名的兰英寨、洗马池、铜炮台等古迹传说。当地为纪念这位叱咤风云的女侠，用她的名字作地名，表达人们对她的敬仰。

沿革 今兰英村境地，随朝代更替和行政建制变迁而随属不同区划。

周朝、春秋，属庸国。

战国，属楚国房陵地。

秦，属房陵县地。

东汉末，属房陵郡，为荆州治。

三国魏黄初元年（220），属新城郡。

晋元康六年（296），属梁州。

北周，属光迁县，为光迁郡治。

隋大业二年（606），属房陵郡治。

唐贞观十年（636），属房陵县，为房州治，隶山南东道。

宋雍熙三年（986），属保康军，为房州治，隶京西南路。

元至元二十三年（1286），将村域从房州划出，归入大宁州，隶属四川行中书省夔州路。

明洪武九年（1376），属大宁县，隶属四川省承宣布政使司重庆府夔州路。洪武十三年（1380），属大宁县，隶属夔州府。崇祯十七年（1644），张献忠在四川建立大西农民政权，村域属大宁县通城里十五甲，小地名后河。

清顺治三年（1646），李自成遗部贺珍和其子伯宁占据大宁抗清，村域成其屯兵之地，受其辖制。康熙二年（1663），伯宁受降之后，属大宁县。康熙六年（1667），属奉节县。雍正七年（1729），属大宁县，隶四川承宣布政使司川东道夔州府。村域在清朝时期一直为县内通城里十五甲，小地名后河。

民国初，属大宁县，隶川东道。

1914 年，改大宁县为巫溪县，村域属巫溪县。

1919 年，实行“团甲牌”制，巫溪县设东、西、南、北 4 个团区，村域属东团区。

1929 年，改县知事公署为县政府，巫溪县以下改团区为区，区以下为乡，今村域属东区白果乡。

1936 年，巫溪县设 4 区 17 联保，今村域属东区后窖联保。

1940 年 8 月，实施“新县制”、乡镇保甲制，村域属巫溪县七区白果乡的 3 保和 4 保，小地名团包、杨柳池、双河、周家坪、高坪、南坪、下竹筒等。

1949 年 12 月，巫溪县人民政府成立，隶属于西南行政区川东人民行政公署万县专区。今村域随属。

1950 年 4 月，乡镇公所改为乡镇人民政府，保改为村，兰英寨周围的地方首次命名为兰英村，今村域属巫溪县七区白果乡。

1952 年 9 月 1 日，恢复四川省建制，巫溪县属四川省万县专区。今村域随属。

1953 年，巫溪县设 10 个区，在第 10 区置青龙乡、双河乡，今村域包含此两个乡。

1955 年，合区并乡，巫溪县设 8 个区，通城区的青龙乡与双河乡合并成青龙乡，今村域属青龙乡。

1958 年，改乡为公社，村为大队，今村域属巫溪县青龙公社。

1968 年 6 月，万县专区改称万县地区。巫溪县随属，今村域随属。

1981 年，青龙公社和西安公社合并为兰英公社，今村域包含巫溪县兰英公社的兰英大队、岔河大队、松花大队、板壁大队和高坪大队。

1983 年，改公社为乡，大队为村。今村域包含巫溪县兰英乡的兰英村、岔河村、松花村、板壁村和高坪村。

1993 年，万县地区改设万县市，实行市管县的行政体制。巫溪县随属，今村域随属。

1997 年 3 月，重庆成为中央直辖市，万县市改设重庆万州移民开发区，巫溪县随属，今村域随属。

2000 年 7 月，巫溪县由重庆市直管，今村域随属。

2001 年，合村并社，巫溪县将兰英乡的兰英村、岔河村、松花村合并成兰英村；高坪村与板壁村合并成板壁村。今村域包含兰英村和板壁村两个村。

2007 年，巫溪县将兰英乡的板壁村与兰英村合并成兰英村，成为今兰英村境地，全村有兰英社、双坪社、牛郎社、同兴社、高坪社 5 个社。

2016 年底，兰英村仍隶属重庆市巫溪县兰英乡，辖兰英社、双坪社、牛郎社、同兴社、高坪社 5 个农村社区。

区位　兰英村位于重庆市巫溪县兰英乡东北部，在著名风景区兰英大峡谷的上段东坡，位于北纬 31° 12′ 17" ~ 31° 12′ 45"、东经 109° 50′ 10" ~ 109° 50′ 48"，南部和西部与巫山县当阳乡、巫溪县兰英乡西安村毗邻，东部与湖北大九湖相依，北部与巫溪县双阳乡接壤，距离巫溪县城 30 千米。兰英村下段有许多相对平缓的地势，虽面积不大，但可以开垦种植，如下柱头、南坪、高坪、小石锣坪、大石锣坪、周家坪、松花石、牛郎庄等，历来就有较多人户居住，形成了相对封闭的村落。兰英村上段位于阴条岭国家级自然保护区内，村域有 38.7 平方千米在保护区内，主峰阴条岭海拔 2796.8 米，是重庆市最高峰，被称为“重庆第一峰”，并紧邻神农架，是神农架的余脉。全村面积 54.6 平方千米，耕地 3300 亩，林地 52.4 平方千米。

兰英村地处渝鄂边界，原始自然风貌和远古文化留存，是巫溪、巫山、奉节金三角旅游重要景点区，拥有发展生态文化旅游的区位优势。兰英村已打通进出的道路，通城镇红路经兰英村至西安村的西红公路蜿蜒穿过，沿巴岩子河岸向上，一条岔公路修到了兰英村的燕坪，绝壁上人工开凿的挂壁公路通到了兰英村的周家坪。2016 年村内公路全部硬化，下到巫溪县城 34 千米，上到西安村 25 千米，经西安村、巫山官阳

西红路　　周兆彬　摄

镇公路可直通巫山县城和湖北大九湖景区。

◉ 自然环境

地形地貌　兰英村地势东高西低，地形被巴岩子河纵深切割，为大峡谷风貌，从河谷上山坡，相对高差达 2448.8 米。最高峰海拔 2796.8 米，位于兰英寨；最低处海拔 348 米，位于巴岩子河边。全村是峡谷的一面坡，高山上属台原地带（即在 1500 米左右的地带上形成的较缓的平台地形，平台上再起数座雄壮的高山），主要山脉阴条岭。地貌峰峦叠嶂，高低起伏，复杂多样。

阴条岭莽原

气候 兰英村属亚热带湿润季风气候，海拔高差大，立体气候明显。夏季峡谷地带高温多雨，高山地带凉爽宜人；冬季峡谷温暖湿润，高山地带寒冷少风。年平均气温 16℃，1 月平均气温 7℃，极端最低气温 -8℃（2004 年 1 月 15 日）。7 月平均气温 28℃，极端最高气温 38℃（2011 年 8 月 28 日）。年平均降水 158 毫米，降雨集中在每年 5—7 月，6 月最多。兰英村囊括了高山、中山、低山地形，可谓十里不同天。兰英村四周有遮挡，少大风，春夏有落山风和河风。

水文 村境内的河道属大宁河流域，主要河流为巴岩子河。巴岩子河从西至东流经兰英村，在村境内长 5.8 千米，流域面积 22 平方千米，年均流量 11 立方米 / 秒。另外村内还有许多溪流，其中有两条较大，一条叫“后河”，另一条叫“岔河”，水流随季节涨落。峡谷两岸下雨后会形成经久不息的瀑布，颇为壮观。

植被 村内谷坡地带主要是矮小乔木，有大量的绝壁石山，无植被，因陡峭和土浅大树无法生长，只有人工培植的较大核桃树、椿树等，但到处花草茂盛。阴条岭属原始森林，内有高山草场，草木种类繁多。全村林草面积占 96%。

土壤 村内高山地区为棕壤和腐殖土，低山为黄壤，中山地区为石灰盐土。

矿藏及其他自然资源 村内已探明的地下矿藏有煤、铁、钛、硫磺等，其中煤炭储量 500 万吨。兰英村木材、药材、水能资源丰富。

自然灾害 兰英村主要自然灾害有冰雹、霜冻、暴雨、泥石流、滑坡等。泥石流灾害频发，常发生在 4—8 月，年均达三次。兰英村近期最严重的一次泥石流发

李剑东　提供

生在 1986 年 8 月 3 日，一度使巴岩子河形成堰塞湖。近期最严重的一次滑坡发生在 2004 年 6 月 3 日，滑坡落差 1000 余米，砸毁公路 600 多米，农田 12 亩，砸死山羊十多只。

山脉

阴条岭　阴条岭呈东西走向，依秦望楚，是神农架原始森林延伸至重庆的部分，属秦岭山系，东接大巴山，南连巫山。从山顶到山脚，相对高度差别很大，气温差异也很大，植被层次分明，可谓十里不同天。2012 年 1 月国家批准成立阴条岭国家级自然保护区，保护区平均海拔为 1900 米，拥有重庆市唯一一片原始森林和无污染的高山草场，主峰阴条岭海拔 2796.8 米。兰英村在阴条岭国家级自然保护区占地 38.7 平方千米，分核心区、缓冲区和实验区。

大官山　大官山位于巫溪县东北部，属大巴山山脉，与兰英村隔岸相望。其处于中山和亚高山的台原之上，浅丘错落有致，森林草地相间相存，有“东方天山”之称。大官山占地 18 万亩，其中原始次生林 10 万亩，天然草场 8 万亩，林草覆盖率在 90% 以上，海拔高度在 1600 ～ 2500 米。

巫山　兰英村南边与巫山接壤。巫山，指横贯湖北、重庆、湖南交界一带，东北—西南走向的连绵群峰。主峰为重庆奉节县境内的乌云顶，海拔 2400 米，是中国地势二三级阶梯的分界线，北与大巴山相连，南面深入武陵山地，东为长江中下游平原，西为四川盆地。

植物资源

兰英村初步查明有高等维管束植物 199 科 872 属 3183 种，真菌、地衣共 927 种；其中国家重点保护植物 76 种，如红豆杉、崖柏、珙桐、光叶珙桐，连香树、水青树、香果树等；本地特有植物 42 种，如汉白杨、红坪杏等；药用植物 1800 多种。重庆中药研究所专家认为重庆其他地方有的物种这里都有，其他地方没有的这里也有，是难得的“天然物种基因库”。

红豆杉 兰英村的红豆杉生长在兰英村高山地区，喜阴凉，为常绿乔木，能长大树，也能在适宜地方密集生长，生长速度慢，但阴条岭几百上千年的大树也比较常见。红豆杉雌雄异株，种子外壳坚硬，当年成熟，自然状态下经两冬一夏才能萌发，天然更新能力弱。

从红豆杉树里提取的紫杉醇，可用于治疗癌症，但是，紫杉醇的提取过程复杂，并且只能从红豆杉中提取。但红豆杉的紫杉醇含量仅为 0.03% ~ 0.06%，所以红豆杉十分珍稀，不可替代。1994 年红豆杉被定为国家一级珍稀濒危保护植物，同时被全世界 42 个有红豆杉的国家称为国宝，联合国明令禁止采伐，是名副其实的“植物大熊猫”。

珙桐 兰英村的珙桐生长在峡谷向上的高坡上，喜阴凉，数量较多，成片成林，最大一株高约 30 米。珙桐已被列为国家一级重点保护野生植物，为中国特有的单属植物，是植物界的“活化石”，被誉为“中国的鸽子树”，又称“鸽子花树”“水梨子”。

珙桐为落叶乔木，本科植物只有一属两种，两种相似，只是一种叶面有毛，另一种光叶珙桐则叶面无毛。花色奇美，是全世界著名的观赏植物。两性花与雄花同株，花色初为淡绿色，继变为乳白色，后变为棕黄色而脱落。开花期为 4 月，结果期为 10 月。树皮深灰色或深褐色，常裂成不规则的薄片而脱落。

珙桐　　苏长杰　摄

崖柏 兰英大峡谷内陡峭岩壁上以产崖柏著名。崖柏为乔木或灌木，高 5 ～ 10 米，树皮灰褐或褐色，长条薄片状开裂。崖柏是一种全天然植物，无法人工培育和种植，数量少，具有不可再生性。崖柏作为濒危植物，又是植物活化石，为重点保护对象。

淡咖啡色的崖柏，俗称“陈化料”，历经成百上千年风吹日晒，气味稳重，香气浓郁。崖柏的香味能提高人的血液含氧量，可改善失眠多梦的状况。崖柏还是上好的木雕材料，崖柏木雕价格昂贵。

岩柏 兰英大峡谷的峭壁上生长有岩柏，别名万年松、还魂草、卷柏，属蕨类植物，多年生直立草本，高约 5 ～ 15 厘米。数量不多，偶尔可见。茎棕褐色，叶翠绿色，分枝丛生，它耐寒耐旱，性平，味淡微涩，清凉解毒，中医以全草入药。

七叶一枝花 兰英村海拔 2000 米以上的高山地区生长有七叶一枝花，又名重楼、

崖柏 苏长杰 摄

七叶一枝花 苏长杰 摄

海螺七，数量众多，为多年生草本植物。茎绿白色，有时带紫色。叶 6 ~ 8 枚轮生，有披针形、狭矩圆形、倒披针形或倒卵状披针形四种。药用部位为根茎，可增强人体免疫力，抗病毒，可治肿痛。七叶一枝花价格昂贵，采卖七叶一枝花是兰英村民创收的重要途径。

头顶一颗珠 兰英村阴条岭部分地方有头顶一颗珠，别名延龄草、芋儿七、狮儿七、三角七、头顶珠，开花后结出圆球形的果实，成熟后黑紫色，富光泽。好似一披纱少女头上戴有一颗宝珠，因而得此名。它的果实因生长在上部，又称“天珠”；根茎呈椭圆形，下面生有多条细根，加工成药材时，常将细根编扎在根茎之外，形成球状，又称“地珠”。头顶一颗珠生长在海拔 2000 ~ 2900 米的山坡林下草丛中，具有活血止血、明目止痛、祛风除湿的功效。

头顶一颗珠叶子上的“天珠”，药性既能治病又能补养身体。珠子极少，当地人称可遇不可求，平时上山做事偶尔能碰上，真正专门去找却很难找到。有经验的人见到后就把珠子摘下来，直接丢进嘴巴吞食掉，或者找又大又厚实的草叶子包好带回家。如果有人要买天珠，那就要出高价钱了。

江边一碗水（鬼臼） 在兰英村的高山峡谷里，长着一种像荷叶的药草，独茎圆叶，

头顶一颗珠　　苏长杰　摄

形如小碗，碗边有锯齿，开白色小花；叶中常聚满露水、雨水，可以解渴。这种药草叫“江边一碗水”，有散瘀活血、止血止痛的功能，可治跌打损伤。

文王一支笔 在兰英村海拔 1000 ~ 2500 米的山坡林下，有文王一支笔，寄生在木本植物的根上，花茎红而光滑，随处可见。

文王一支笔是蛇菰科植物，因它的花序形如粗大的毛笔，故得此名。又因这种植物为寄生植物，常寄生在其他植物的根部生长，所以又有“借母还胎”之别名。其根状茎生长在地下，呈球形，表面有小瘤突。8 月开花，9 月、10 月结果。文王一支笔全株都可以做药材，具有止血、生肌、止痛的功效。

冬天麻 兰英村高山地区有种药叫冬天麻，是指冬天在土里还没有发芽出苔的天麻，这时的天麻营养充足，药性很强，会找药的人用锄头在山上踩点挖，常常能挖出来，一出来就是一窝，几个到几十个，像红薯一样。冬天麻售价贵，兰英村人每年冬季上山挖，常有收获，当然春天麻也不错，生了苗，更好找。

接骨丹 兰英村高山区有一种草叫接骨丹，为高大草本或半灌木。凡是有人不幸损伤了骨头，找到这种草，将之放在嘴里嚼烂，然后吐在一张大树叶子上，再敷在伤处，

文王一支笔　　苏长杰　摄

天麻　　苏长杰　摄

接骨丹　　王常林　摄

即可起到消肿、消炎，促进骨头愈合的作用。

黄辣子红叶树 兰英村有一种矮小乔木，油脂较多，成团成簇，数量众多，叶片椭圆，厚度大，每到秋冬季节就变成血红色，人们称这种树为黄辣子红叶树。黄辣子红叶树生长在岩石缝里，生命力极强，漫山皆是，树叶春夏为油绿色，经霜变红，鲜艳透亮，是一种观赏树。

花椒 兰英村出产一种高山花椒，十分香麻，只需放一粒在屋子里，就可满屋清香；只要放一粒在嘴里，就麻得人喘不过气来。这是一种上好的佐料，尤其适宜制作花椒油。

核桃 兰英村高山台地上有很多核桃树，而且有很大的古树，树结的核桃是大自然给老百姓的馈赠。这里的核桃营养丰富，香浓可口，远近闻名。在 20 世纪 60 年代初的困难时期，核桃救了很多人的命。一些营养严重缺失的外地人，奄奄一息，好不容易来到兰英村，一旦吃了核桃，包括吃核桃树叶子，渐渐就有了生气，最终度过了艰难的日子，故称这儿的核桃为“救命果”。

动物资源

兰英村有脊椎动物 493 种，其中哺乳纲 7 目 22 科 75 种，鸟纲 16 目 48 科 308 种，爬行纲 2 目 8 科 27 属 40 种，两栖纲 2 目 7 科 23 种，鱼纲 4 目 10 科 32 属 47 种。昆虫资源计有 28 目 157 科 4143 种。有国家重点保护野生动物 73 种。此外，还先后发现了 30 多种白化动物，如白林麝、白鬣羚（明鬃羊）、白蛇、白熊等。

金钱豹 兰英村山林里生活着金钱豹，为中型食肉兽类，也被称为“花豹”。花豹

金钱豹　　苏长杰 摄

数量稀少。豹的颜色鲜艳，密布许多圆形或椭圆形黑褐色斑点（或斑环），并有金黄色的毛皮，故得此名。其腹呈白色，杂有黑色斑点。还有一种黑化型个体，通体暗黑褐色，细观仍可见圆形斑，常被称为墨豹。

豹的体能极强，视觉和嗅觉灵敏异常，性情机警，既会游泳，又善于爬树。狗见了豹，会赶紧趴在地上一动不动，大气也不敢出。这就是“豹对狗、猫对鼠，一物降一物”。豹在猎物缺乏时，也会捕猎家畜，因而会发生人豹之间的冲突。豹通常把猎物拖上树慢慢吃。

川金丝猴 兰英村高山密林里生活着川金丝猴，为中等体型猴类，数量在 300 只以上。鼻孔向上仰，颜面部为蓝色，无颊囊。颊部及颈侧棕红，肩背有长毛，色泽金黄，尾与体等长或更长。其群栖生活，每个大的集群按家族性的小集群为活动单位。金丝猴的食性很杂，但以植物性食物为主。

明鬃羊 兰英村域生活着明鬃羊（鬣羚），属牛科，为典型林栖兽类，主要活动于海拔 1000 ~ 2000 米的针阔混交林、针叶林或多岩石的杂灌林。它的角像鹿不是鹿、蹄像牛不是牛、头像羊不是羊、尾像驴不是驴，人们称之为“四不像”，是国家二级重点保护动物。兰英村明鬃羊的数量越来越少，偶有发现。

川金丝猴　　苏长杰　摄

明鬃羊　　苏长杰　摄

麻麂子　　苏长杰　摄

明鬃羊雌雄均有一对短而尖的黑角，自角基至颈背有长十几厘米的灰白色鬣毛，甚为明显。四肢粗壮，强健有力，蹄短而坚实，适于在山崖乱石间奔跑跳跃，被人或是家犬激怒时会主动发起攻击，一般见人较淡定。早晨和傍晚出来在林中空地、林缘或沟谷一带摄食、饮水，主要以青草、树木嫩枝、叶、芽、落果和菌类、松萝等为食。

香獐子　兰英村的香獐子，头小、眼大，耳长而直立，尾短，四肢细长，后肢长于前肢，雌雄均无角，全身暗褐色。兰英村香獐子数量稀少。

香獐子常单独活动，一般晨昏活动较为频繁，极善跳跃，视、听觉发达，有较为固定的活动、觅食路线，食性很广，一年产有一胎，每胎 1 ~ 2 头，多在针阔混交林、疏林灌丛地带的悬崖峭壁和岩石山地环境中栖居。

麻麂子　兰英村的麂子与其他地区不同，形体如国家级保护动物黑麂，但通体麻灰色。栖于地势较高、多岩石的密林和山坡灌丛中。以嫩枝、叶子、果实、蔬菜、豆类为食。主要在春季产仔，每胎 1 仔，幼仔约 6 ~ 10 个月成熟。其肉细嫩，当地人称“麂好吃”。麻麂子数量大，常见。

黄羊狸　兰英村及附近有一种特别的动物，人们称作黄羊狸，家猫一样大小，以红毛为主，生有黑白花纹，花纹在腰背上，活像一匹配有马鞍的马。它们过群居生活，一群至少 10 个以上。它们像士兵一样纪律严明，走路时整队前进，单线排列，决不拥挤。人们发现它们既吃草，又吃动物大肠，最喜欢吃野猪肠子。有时一群野猪遇上黄羊狸，会全部遇难。

娃娃鸡　兰英村有种野鸡，叫娃娃鸡，因叫声极像小娃娃哭叫“妈啊、妈啊……”而得名，尤其是变天时叫得厉害。公鸡全身淡紫色羽毛，夹有淡白色花，头尾 60 厘米

寿鸡　　苏长杰　摄

左右，成熟公鸡在 4 ~ 5 千克重。母鸡是麻色，比公鸡小，2 ~ 3 千克重，生的蛋略大于家鸡蛋。

角角鸡　兰英村有种野鸡叫角角鸡，因头上长两只肉角而得名。公鸡全身为绿色，并反光，角上有绿色绒毛。成熟公鸡 2 千克左右。母鸡为麻色，却无角。

寿鸡　兰英村有种野鸡叫寿鸡，因下巴肉长坠、其上血管密布形成一个“寿”字而得名，公鸡可长到 2 千克以上。母鸡却无下巴肉，生的蛋略大于家鸡蛋。

老鹰　兰英村的老鹰属苍鹰，雄鸟体长约半米，体形较雌鸟小，从头部到前部为灰黑色，眼后为黑色，有明显的白色眉斑；腹部白色，杂有数目很多的灰黑色小横斑。雌鸟背部及翼表面为灰褐色，眉纹白而杂以褐纹，腹部白色，有纵斑。苍鹰在飞翔时，常常是扇翅和滑翔交替进行，呈直线状飞翔，扇翅速度较其他大型鹰类快。

◉ 人口

人口总量　唐宋时期，兰英村人烟稀少，人口在 200 ~ 250 人。元明时期人口缓慢增长，超过了 300 人。明末清初因一些人随军外出未归，战乱死伤，灾荒减员，人口降至 100 多人。清康熙年间“湖广填四川”后，人口猛增，清末发展到 1700 余人。民国时期兰英村远离战争，人口发展较快。1949 年人口超过 2000 人。20 世纪 60 年代兰英村人口死亡率大于生育率，人口自然增长率为负增长。20 世纪 70 年代实施计划生育，人口依然负增长。2004 年全村 1540 人。在国家扶贫过程中，对地势险要、交通不便和高寒地区的人口进行易地搬迁扶贫，一些住户搬到了通城镇、西安村、巫溪县城，人口

百岁老人　　王常林　摄

兰英村村姑　　王常林　摄

继续减少。到 2016 年底，全村有 286 户,1006 人。村中姓氏有向、曾、姜、王、刘、李、兰、郭、何、方、孔、冯、谢等，向氏是大姓，人口 332 人。

人口来源　兰英村最早的土著人口是庸人、巴人、楚人，唐宋时期，来了一些隐者以及躲避兵役、徭役的人，还有军队经过留下来的人。元明时期，社会动乱，随迁来一些躲避战乱的人、逃避罪罚的人，但人口一直稀少。清康熙年间，“湖广填四川”时，湖北麻城、荆州的人陆陆续续来到兰英境地，首批是被官府反绑双手押送而来的。他们挽草为业，在此繁衍生息。清末至民国初期近 20 年间，兰英高山老林地区有东乡（今四川万源市）人居住过。东乡人整体迁入又迁出，与当地人亦有通婚交往。2000 年后，打工者陆陆续续从外地带回不同民族的媳妇，成为新的人口输入。

民族构成　兰英村土著人，由最早的古庸人与之后的巴人融合，再后又融入南蛮诸族，有濮人、苗民、羌人、賨人后裔。賨人，是在古代巴国和楚国边境活动的一个土著部族，是土家族的主源，是今四川渠县和重庆巫溪县周边主要土著人口。汉朝以后，汉族人加入，汉族文化渗入，与当地文化不断融合。清朝时，随着“湖广填四川”的进程，兰英村渐以汉人居多（有一部分客家人），汉人文化技术得到强力推行，各族不断通婚融合，兰英土著人绝大部分成为汉族。但土家族的一些民风民俗却保留下来了。服饰上包头帕、穿绣花鞋，饮食上吃腊肉、合渣（黄豆磨碎加菜煮），习惯上拔胡须、腊月三十晚上泡脚等生活习性，保留了土家族、苗族的一些习俗。2016 年年底，全村的实际民族构成有土家族、苗族、汉族、彝族和布依族。

◉ 基础设施

新中国成立后，特别是改革开放以来，兰英村大力加强基础设施建设，实现了通电、通水、通路、通电话、通网络，村容村貌和村民生产生活条件明显改善。

电站 兰英村水能资源丰富，水流落差大，适合建水电站。1976 年兰英村在巴岩子河边选址，建了青龙电站。当时没有公路，机器设备全靠人力从外面运进来，建设速度缓慢，经过两年的基建、安装、调试，1978 年青龙电站建成通电，部分村民开始用上电灯，结束了用油亮子（松树劈成的条块）和煤油灯照明的历史。但青龙电站属乡镇企业，资金欠缺，投入少，建设规模小，发电量小，电流损耗大。1993 年国家财政拨款 110 万元，县财政拨款 20 万元，选址兰英村和高洞村交界处建双通电站，这里的引水落差 1000 余米，水量充足。为了运送机器设备，率先修通了通城红路至巴岩子河西岸的公路。双通电站技术力量雄厚，规模大，1997 年建成发电，不仅足够兰英村全村用电，巫溪全县用电问题也得到根本解决，还输送到周边省市。双通电站 2000 年并入国家电网，为地方财政作出了贡献。2005 年兰英乡推倒旧青龙电站，在其基础上扩大规模新建青龙电站，发电入网出售。2006 年由民间资本投资在兰英村建玉山电站，发电入网出售。至此，兰英村有三座水能发电站。后续电站建设因兰英村成为自然保护区而被叫停。

双通电站　　吴健　摄

农村电网改造工程 2008年，兰英村实施国家农村电网改造工程，把木电杆全部换成水泥电杆，线路按标准改拉，但因峡谷地势险峻，施工难度大，进度缓慢，村民出工出力和县电力公司的人员一起苦干，直到2010年工程才全面竣工，全村共立水泥电杆67根，拉线总长度33500米。兰英村村民用电条件改善，用电安全有了保障。

人畜饮水工程 兰英村山涧小溪众多，不缺水源，但地势险峻，村民用水需要挑、抬、背，很费力气和工夫。改革开放以后，少数接近水源的家庭通过塑胶管可以引水到屋。为了解决饮水难的问题，2002年，巫溪县水务局投资实施兰英村人畜饮水工程，在地势较高的高坪挖了一个700立方米的蓄水池，用简易管子引水到户，使全村三个社的村民喝到了自来水，免却了挑水、抬水的麻烦。之后又陆续开挖蓄水池，先后开挖了100立方米的水池4个，60立方米的水池4个，30立方米的水池4个，并更换了旧管子，满足了村民安全饮水的需要。至2017年，全村有蓄水池1460立方米，95%的村民喝上了安全自来水。

交通 兰英村因处于山区，地势险要，修路难、通车难，交通滞后成为制约经济文化发展的瓶颈。以前除通往村外的巫盐古道外，村内到各家各户只有小路。小路崎岖蜿蜒，为了抄近路，有人不惜犯险翻越悬崖陡峭之地，从而跌入万丈深渊尸骨无存。山中沟壑、巴岩子河拦路，村民用树木棒搭桥，可是窄而不平的树桥，不知夺走了多少人的生命。20世纪50年代修建在巴岩子河上的老庄子桥，是村内最早的砖石结构拱桥。20世纪70年代，兰英乡政府边修了一座水泥桥，连接兰英村和高洞村。1998年兰英村修了一座可通车的水泥桥。1999年6月，经过兰英村的西红土石公路建成通车，这条土石公路是兰英村第一条公路，兰英村人迎来了以车代步的时代。2003年，兰英村周家坪村民开始在绝壁上开凿公路，经过三年艰苦开凿，于2006年建成一条飘带一样的挂壁公路。2007年，兰英村修建土石公路3.2

电塔　　吴健　摄

老虎洞公路　　代纯明　摄

挂壁公路（二）　　代纯明　摄

千米，机耕道 5 千米。2008 年，开展村人行道和简易公路建设。2012 年修建从巴岩子河到燕坪的土石公路。2016 年西红公路兰英村段全部用水泥硬化，危险地段配置了防护栏，添修了错车道。2017 年，全村有村级道路 31 千米，其中村级主干道 29 千米，硬化 25 千米；社级路 3 千米，硬化 1.4 千米。

广播电视通信　兰英村地处高山峡谷，长久以来处于比较封闭的生活状态。1997 年后，兰英村高山地区才可用高空金属天线接收远处不稳定的卫星电视信号，村中始有电视机。接收天线技术改进后，村中较多地方都能接收到卫星信号，但要经过很长时间调频，遇到刮风下雨，不能定位，信号就没有了。2008 年，兰英村选址建手机移动通信基站和电视卫星接收站，解决了峡谷地区电话、电视通信信号问题，而高山地区仍然不通畅，无法接打电话，无法顺利看电视。2012 年，兰英村完成了广播电视村村通工程建设，免费为贫困户发放安装收视器，整个村都可以顺畅地收看电视。2016 年，兰英村高坪新建手机移动通信基站，能覆盖 4G 网络；卫星电视接收站升级，能收看加密电视。

发展概况

村级组织

中共兰英村党支部 1957 年，巫溪县成立各村支部委员会，中共兰英村支部委员会建立。

2017 年，中共兰英村党支部共有党员 44 名，其中正式党员 43 名，预备党员 1 名。党支部委员会由 3 名委员组成，其中书记 1 人，副书记 1 人，委员 1 人。党支部委员会每届任期 3 年。中共兰英村党支部第十七届委员会于 2016 年 11 月 11 日换届选举产生。党支部采取“公推直选”方式选举产生，即党员推荐、群众推荐、乡党委推荐，党员大会差额投票直接选举。

兰英村村民委员会 1950 年，巫溪县废除民国时期县以下乡、保、甲行政管理组织，相继设立村人民政府、村农民协会组织。由农民协会领导辖区进行土地改革运动。农业合作化时期，乡成为农村基层政权组织；高级农业合作社时期，合作社实行政社合一的组织形式，合作社具有了村级组织的行政职能。1958 年人民公社化后，村称大队，大队设立管理委员会，大队下设生产小队。1966 年“文化大革命”开始后，大队管委会改为革命委员会。1968 年，巫溪县革命委员会组织全大队社员以民主选举方式直接选出大队干部，兰英村进行了首届选举，任期 3 年。中共十一届三中全会后革命委员会又恢复为管委会。1983 年，生产大队改为村，生产小队改为村民小组。1988 年国家开始试行《村民委员会组织法（试行）》，规定在全国范围内村委会干部由村民直接选举，每届任期 3 年。兰英村第十七届村民委员会于 2016 年 11 月 30 日选举产生。村民委员会成员采取有候选人的选举方式，即登记参加选举的村民等额推荐提名候选人、选举大会差额投票选举。候选人获得参加投票的村民过 50% 的选票始得当选。兰英村第十七届村民委员会由 3 名成员组成，其中，村民委员会主任 1 人，综合服务专干 1 人，综治专干 1 人。因村主任兼村支部副书记，所以兰英村第十七届村“两委”班子共 5 人。

经济发展 清康熙以前，兰英村人口少，自然资源丰富，以低山种植水稻，中山种植小米，高山种植燕麦、荞麦等粮食作为主要收入。蔬菜品种有南瓜、铁瓜、黄瓜、四季豆、青菜、白菜、萝卜、辣椒等，但产量低，为了填饱肚皮，村民需要在山林里进行采摘补充。当地采摘品种丰富，野果有狗爪子、糖栗子、羊奶子、牛奶子、红白野草莓、五味子、覆盆子、野猕猴桃、八月瓜等；野菜有神豆腐、竹米、香椿芽、薇菜、黄姜、摘耳根、家乡菜、天葱、天大蒜、党参、桔梗、鸡冠菌、露水菌、猪苓菌、荞粑菌、绿蔸菌、野木耳、香菇等；野蜂蜜有岩蜂蜜、树蜂蜜等。养殖和打猎也是兰英村人改善生活的重要渠道，家庭养殖有土猪、板角山羊、黄牛、土鸡等。养殖的牛和羊有富余的就赶到湖北房县出售，因为牛羊无法翻越兰英大峡谷到巫溪县城，而兰英村到房县地势平坦。兰英村的主要经济收入是药材，有挖野药和人工种植两种方式。野药品种很多，人工种植品种主要是黄连、党参、大黄，药材通过人力背到巫溪县城、巫山县城出售，然后买回生活、生产用品。

清康熙年间的移民带来了红薯、甘蔗、烟草等新的农作物品种，提高了粮食产量，人们的生活逐渐有了保障。随着玉米、土豆传入境内，于是“三大坨（红薯、土豆、玉米）”成了兰英村的主产，解决了人口增多带来的粮食问题。人们开始勤劳耕耘，大部分精力转入农业生产，种植业发达，地主阶层兴起，出现了很多大户，贫富悬殊。民国时兰英人偏安一隅，大部分人种植鸦片牟利。

1950 年后，兰英村进行了土地改革。1958 年开始实施公共食堂，兰英村地势特殊，住户窎远，路上耽误时间多，生产草率，人们生活贫困。公共食堂解散后，经过几年调

高山草场牧牛　　李剑东　摄

整，集体生产队劳动期间，70% 的人能吃饱饭，30% 的人因家庭缺乏劳动力，收入少，常常青黄不接，野菜、野果派上了重要用场。种植、养殖业极少，不能满足人们的生活需要。1982 年兰英村实施家庭联产承包责任制，农民种田的激情高涨，从此解决了食不果腹的问题。家庭养殖也逐年增加，低山地区养猪、中山地区养羊、高山地区养牛，虽规模不大，但足以改善生活。20 世纪 80 年代到 90 年代中期，兰英村的木材通过人力运输到巫山县售卖，成为当地老百姓一项重要的经济收入。1999 年，村境内的公路打通，促进了商品交换，人们的生活大大改善。此时外出打工成为潮流，打工收入开始支撑家庭支出，送子女读书也提上议事日程。兰英人打工最早在湖北搞建筑打桩、挖水井等，基本是繁重的体力活，后来跑摩的、开车、当包工头，部分人积累了一些财富，渐渐开始做生意，比如从事餐饮住宿等服务业以及运输业等。进入 21 世纪后，在国家扶贫政策的支持下，兰英村经济稳步向前发展，年均经济增长率为 12%。兰英村的主要经济来源仍然是传统的种植业和养殖业，出于对生态的保护，种植时需要大量砍伐山林的黄连等药材消失，代之为独活、贝母等药材，同时烤烟种植收入可观；养殖以山羊、土鸡、蜜蜂为主。

2011 年，兰英村人均耕地面积 2.9 亩，粮食作物仍以红薯、玉米、马铃薯为主，粮食生产人均 1000 千克。畜牧业以羊、猪、鸡为主，占农业总产值的 71.4%。外出务工和做生意的收入，加上土地上的收入，全村农民人均纯收入 4578 元。

兰英村地处峡谷山区，经济落后，一直是国家扶贫对象，从解放初期的救济粮、救济衣，到后来的建卡贫困户扶持，再到后来实施部分居民生态移民搬迁，开展种养生产扶持等。政府在扶贫过程中，致力于精准扶贫，选准扶贫对象和项目，准确投入资金，达到了预期效果。2013 年，对兰英村扶贫对象进行调整，采取“慎出”“严进”的识别办法落实政策，对贫困户给予产业扶持。2014 年，对整村扶贫及新一轮精准扶贫制定落实规划，建档立卡，继续推进高山扶贫生态搬迁，发展种养等骨干增收产业，开展实用技术培训。2016 年，兰英村人均可支配收入 5600 元，全村有劳动力 586 人，常年劳务输出 130 人，劳务总收入 1200 万元。

医药

推拿　推拿治病是兰英村的传统医技，除了跌打损伤造成的经络不通、软组织损伤可用推拿舒筋活血以外，最主要的应用是小儿科。小儿科推拿是普遍现象，如感冒发烧可用葱熬水推拿穴位，肚子痛可用臭草水推拿，其他病也都能用相应的药草水推拿。因为小孩皮肤比大人更容易吸收药物，而且这种外推按摩的方式比较安全。推拿分文推和武推，文推就是在穴位上轻摸慢按，武推动作大、力量猛，有时把人抱起来转动，或背在背上扭动。文推、武推由推拿师的派别和病人病情决定。

烧灯火 兰英村烧灯火2008年被巫溪县列为非物质文化遗产。烧灯火可以治疗伤寒风湿、血脉不畅、五脏六腑病变，方法是用火刺激穴位，效果明显。烧灯火要用桐油，用棉线做捻子。点亮一盏灯，烧灯火师用捻子蘸上桐油，点燃，快速按在病者的穴位上，这叫烧明火。也有烧暗火的，就是烧灯火师先将明火按在自己的大拇指头上，按熄灭了再按在病者的穴位上。烧灯火尤其能治腮腺炎、风眼病等。

接骨斗榫 兰英村接骨斗榫的医生称水师。先舀一碗水，含在嘴中，将水喷到病者的患处后，水师用手拉扯、捏拿骨头，使其复位，最后用夹板夹住，三个月后恢复如初。接骨斗榫在偏远的兰英村不知治好了多少人的病，避免了可能导致的残疾。水师的做法比西医手术简单快捷、恢复快，只是随着封闭的峡谷逐渐开放，水师老去，后继乏人。

中草药 兰英村是中药材宝库，兰英人认识中草药与巫文化的思维模式有关。巫思维是形式逻辑，认为有其现象必有其本质。一种草之所以长成这个样子，必然有长成这个样子的内在元素，于是找草药的方法就出来了。许多植物人们叫不出名字，但知道它能治什么病。草药先生通过观察草株的形状、颜色、阴阳、味道、周围土壤、海拔高度等，结合人体五行采药、用药。比如活血化瘀的药，就要带尖刺的植物，之所以带尖刺，是因为这种植物里必然有一种向前伸探、钻的元素；红色植株可以补血，类比血里面需要一种红色元素。通过数代人的积累，人们有了丰富的中草药知识，包括用法和用剂。兰英人相信“一物降一物”，意思是每一种病都有一种草药可以治愈，有些病治不了，是还没发现那种草药，认为天下之物都是药。兰英人寿命很高，耄耋

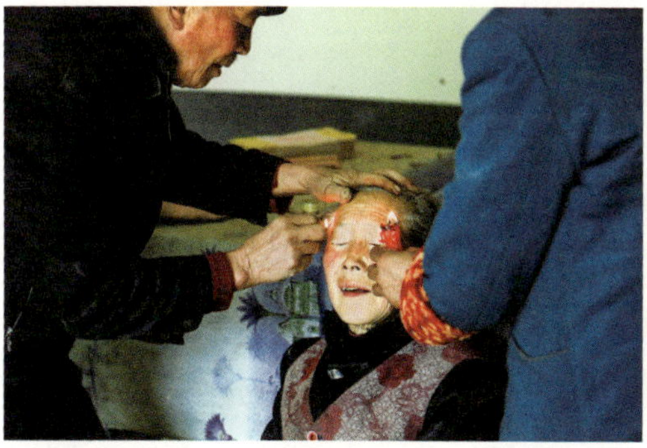

烧灯火　　代纯明　摄

草药医生向家国　　王常林　摄

老人比比皆是，这大约与干净的空气、水、劳动有关，但更重要的是跟他们独特的养生医学理念有关。

爱国卫生运动 新中国成立初期，兰英村开展了爱国卫生运动，主要是从个人卫生做起，改变不卫生的习惯，勤洗澡勤换衣，不吃脏东西。在公共卫生方面加盖厕所，牲畜的粪便归圈，消灭寄生虫和有害蚊虫。20 世纪 80 年代，开展各种公共卫生活动，预防和控制疾病，减少危害健康因素，村民的健康意识加强，对烈性传染病进行隔离治疗，出生的小孩按时打预防针，牲畜也按要求打预防针。1994 年，兰英村积极开展“灭四害（老鼠、苍蝇、蚊子、蟑螂）”活动，并且年年坚持。

21 世纪以来，兰英村积极开展卫生防病知识宣传教育工作，使村民了解环境与健康的关系，引导村民养成良好的文明习惯，改变不卫生的行为习惯。号召村民健康生活，远离黄赌毒，不吸烟不酗酒，大部分年轻村民受到了教育，改掉了吸烟的习惯。兰英村还努力改善农村环境卫生面貌，开展生态环境专项整治，提高生态环境质量。2008 年，选址并修建了一个垃圾堆码场、三个垃圾中转站，有专业人员定时清运垃圾，倡导村民从治理“脏、乱、差”入手，改善生活环境。2009 年兰英村加大“一池五改（一池即蓄水池，五改即改水、改厕、改圈、改灶、改环境）”力度，对粪便实施无害化处理。同年，兰英村被评为巫溪县爱国卫生运动先进村。2011 年，兰英村在重点地区修建了家庭化粪池。2012 年，兰英村成立了改厕领导小组，组织村民进行改厕活动，建成无害化水冲式农村卫生厕所，全村 70% 的家庭进行了改厕建设。通过建设沼气池和三格式化粪池，改变了脏、乱、差的现象。

通过加强清扫保洁，广泛开展群众性卫生创建活动，兰英村村容村貌得到了极大改善。2015 年 3 月，兰英村成立了爱国卫生和健康教育工作领导小组，配备村爱国卫生运动专职工作人员一名，爱国卫生工作进入常态化。

教育

肉口传 兰英村的传统教育叫“肉口传”，师父带弟子在生产实践中学习，师父用嘴说，弟子用心记，不准做笔记，倡导“事上练”，知行合一。村内端公（巫师）、医生、九老十八匠的技艺都要跟师，一般期限为三年，三年后可以出师。一日为师，终身为父，在兰英村体现得淋漓尽致，徒弟要孝敬师父，给师父养老送终。每家每户的神牌上都写着“天地君亲师位”，小心奉香。师父有教一手留一手的做法，主要是害怕徒弟超过师父会对师父不敬，也害怕徒弟做坏事师父阻止不了。所以徒弟要超过师父全靠自

兰英小学　　代纯明　摄

西安小学　　王常林　摄

已悟和创新，因而出现了技艺失传的现象，十分可惜。

私塾与学校　旧时兰英村的大户家庭都请私塾先生在家教学，也有私塾先生办学。私塾所教的内容是四书五经等，而在思想境界上强调三点，一是“仁善”，二是“致良知”，三是“饿死不为盗”，都是圣人主张，千百年不变。兰英这个封闭原始的村庄传承和保留了一些传统的精神风貌，人们在生活的各方面都体现了先人后己、吃苦在前、享受在后的作风。百岁老人教育后代，都强调一句话：“端正天地良心，人做好事，莫问前程。”兰英村所有教育活动的目的只是简单的“立身为用”。

兰英村在中华人民共和国成立之前没有公立学校，1953 年青龙小学设立，学生接受学校教育，而成人开展扫盲运动。1958 年兰英村的私塾消失。1981 年青龙小学更名为兰英小学。2007 年撤销兰英小学，保留兰英村小和高坪村小，隶属西安中心校。撤销村内学校是因为人口外流，学生数减少。2008 年撤销兰英村小，保留高坪村小。2017 年，高坪村小还有 1 个老师和 4 名学生，其他学生到西安小学寄读，家庭条件好的学生在巫溪县城就读。中小学义务教育入学率达 100%。

精神文明建设

改革开放以后，精神文明建设成为兰英村村务工作中的常态工作。1984—1987 年，兰英村获巫溪县政府命名的五好家庭 37 户，三八红旗手 2 人，妇女联合会先进集体 3 个。1991 年，兰英村在全村范围内评选出双文明户 21 户、五好家庭户 103 户、遵纪守法户 115 户。开展党员“三带三帮”活动，全村参与党员 78 人，带动 96 户，帮助 82 户。

21 世纪以来，兰英村广泛开展家庭美德、社会公德和“八荣八耻”荣辱观教育活动，促进了村风、民风的好转。开展文明村创建活动，对村中未成年人开展法制教育，培育热爱党、热爱祖国、热爱人民的思想道德品质。开展文明礼仪宣传活动，将文明礼仪知识印成宣传单送到村民家中，并以抽问的形式督促村民学习。此外，兰英村还积极组织村民学习，通过学习《公民道德建设实施纲要》，提高村民道德素养，形成良好风气。兰英村民何明星水下救人、见义勇为，获得重庆市第二届道德模范、重庆青年五四奖章等荣誉，村委会组织向身边的人学习，号召村民学习何明星的优秀品质。在村内实施五好文明家庭、卫生家庭、平安家庭、孝爱之星创建活动，不断加强社会主义核心价值体系教育，大力弘扬民族精神和时代精神，将文明道德根植于村民内心。2014 年 1 月，巫溪县精神文明建设委员会对 2013 年度县级“十星级文明户”标兵进行通报表彰，兰英村有 6 户获得“十星级文明户”。

乐和家园创建 2011 年，兰英村启动乐和家园建设工作，召开了乐和家园建设促进会。乐和的理念是以“公”为基础，用“共”的机制，“和”的力量，化解社会矛盾。兰英村专门成立了乐和协会，由村民推选出协会会长、副会长和秘书长。村中如出现矛盾纠纷，先由乐和协会调解，做到大事化小，小事化了。2016 年，兰英村创建示范乐和村，重点开展以“乐和生计、乐和人居、乐和治理、乐和礼仪、乐和养生”为主要内容的乐和创建工作，对化解村民矛盾，增强村民幸福感，加强基层组织建设和促进基层社会管理民主化起到了重要作用。

“无事酒”治理 “无事酒”，是指除婚丧事宜之外，借乔迁履新、升学参军、小孩出生、寿诞庆礼、经营开业、就医出国、调动升迁等事由违规聚客、操办宴席，借机敛财的行为。2015 年 5 月，兰英村为切实减轻村民负担，树立农村文明新风尚，开始整治操办“无事酒”的行为，规定除婚丧事以外，一律不准以敛财为目的操办宴席酒。2016 年 4 月，中共兰英乡委员会、兰英乡人民政府制定治理“无事酒”工作方案，规定各村村支部书记为本村治理“无事酒”的第一责任人，为操办“无事酒”当总管、坐礼房、送礼、帮厨、供餐、提供场所、提供服务的，都属支持违规喝酒行为，均被视作参与“无事酒”。通过“无事酒”的治理，兰英村有效遏制了大操大办现象，倡导、重塑了勤俭节约的良好社会风尚。

村规民约 旧时，兰英村有自觉的道德约束和民俗习惯约束，不良行为会受到众人指责，为众人所不齿，但没有写在纸上、挂在墙上。直到新中国成立后，村民自治组织成立，需要村民改掉陋习，破除迷信，执行党的方针政策，遵守国家法律，维护全村社会秩序，发扬社会公德才明确制定了村规民约。村规民约有很强的实效性，所以在不同的历史阶段有不同内容的村规民约。

兰英村第一个村规民约制定于 1950 年，主要强调接受党的领导、禁种鸦片、按时完成国家征购粮、破除旧的婚姻制度、坚持一夫一妻制等。1984 年，兰英村制定第二个村规民约，强调森林防火、计划生育、精神文明、讲卫生、按时缴纳农业税等。1998 年 10 月，兰英村公布第三个村规民约，内容涉及社会治安、村风民俗、相邻关系、婚姻家庭、公共设施维护 5 个大条目，细列了 37 个小条目，主要强调的是遵纪守法，做一个合法公民。2008 年 1 月，兰英村村民代表会议通过第四个村规民约，内容涉及社会治安、消防安全、村风民俗、邻里关系、婚姻家庭、土地管理制度、干部管理制度、公路管护制度、动物防疫、社会事务 10 个大条目，外加 4 个违反处罚条目，共 14 个大条目，细列了 43 个小条目，强调安全生产、公共资源管理、邻里家庭关系、村务民主管理等，展现了新农村的精神风貌。

初鹰峰　　吴健　摄

特色文化

兰英村民长期生活在幽谷深山中，普遍崇尚自然，尊重生命，形成和保存了种种古老、淳朴的节俗、婚俗、丧俗、酒俗、食俗，成为独具魅力的地方民俗文化。许多民间工艺、山歌小调、故事传说等至今保留完好，原汁原味。

兰英村五句子山歌作为巫溪县五句子山歌的一部分，兰英村民间故事作为巫溪县民间故事的一部分，被列入重庆市非物质文化遗产名录。

爱惜万物尚巫风，五句山歌自不同。
小调故事锣鼓响，雕漆绣织样样工。

◉ 巫文化

兰英村巫文化理念 兰英村历史上因地理条件相对封闭，信息不通，古老传统的巫文化一直盛行，渗透在人们的生产生活和民风民俗中。巫文化的核心理念是相信“万物有灵”，由此产生自然崇拜和祖先崇拜，主张“天人合一”，人与自然和谐相处。巫思维是从现象中归纳本质的形式逻辑。巫文化不开展任何集体活动，没有固定活动场所，也不以谋私利为目的。重庆远古巫文化研究会、重庆华夏巫文化研究院都把兰英村作为典型的研究对象和区域。

兰英村巫文化现象 主要有自觉保护环境，不随便损毁一草一木，不随便动一石一土，不以打猎为生，敬天敬地。敬重祖先，祭祀活动隆重。说吉利话，百般忌讳。人与人之间平等交往，追求自由逍遥的生活，顺其自然。兰英村的端公（巫师）是很好的“心理医生”，常以“端公戏”（分场次唱歌、跳舞、独白、锣鼓唢呐伴奏）等娱乐式活动为人排忧解难。要求每个人都要真诚，多行善事，不做坏事，并积极追求知识，探索奥秘。

◉ 民间工艺

刺绣 兰英村的女孩从小学刺绣，十岁左右的女孩即可单独完成简单作品，绣花也为青年女子传名，哪个姑娘心灵手巧，只要看她的刺绣就知道。

刺绣要有图案，从而也带动了绘画艺术和剪纸艺术的发展。刺绣一般有四种，一是架花，二是单面绣花，三是拉花，四是扎花，基本上用的是蜀绣的针法和五颜六色的丝线。

架花，在绘制的图案上进行十字挑花，有代表性的为围腰和香巾（香帕）。

单面绣花，先要剪纸，将剪纸图案贴在绣面上，然后用针线逐一紧密地将剪纸覆盖，主要绣在风帽、道士帽、鞋子上。

拉花，是一种走针法，每一针都打一个结，线沿着图案线条走，往往在绘制复杂图案时使用。

扎花，是为了牢实，把里子面子都扎个对穿对过，主要是用来扎鞋垫。

兰英村人充分利用刺绣手工艺术丰富自己的生活。特别是姑娘，花鞋、花鞋垫、花边衣、花褂、八幅罗裙、花围腰、绣花荷包、香巾、花头巾，从头到脚都是花花朵朵，还有被面、枕头、窗帘、帐帘、门帘、床巾上面也绣有花纹图案。枕头的刺绣花样特别多，题材主要是花、木、禽、兽。

花围腰妇女天天佩带，做工精细，色彩斑斓，大都上面绣展翅的“大蝴蝶”配吊子花，中间绣“二龙抢宝”的盘花，下面绣十余只憨态可掬的小狗，两角绣鱼虫鸟兽的角花，用桂花栏杆、丝栏杆和丝线辫子镶牙（镶边）三遍，最后盘上“寿”字，做蜻蜓头

金鸡转斗刺绣 吴健 摄

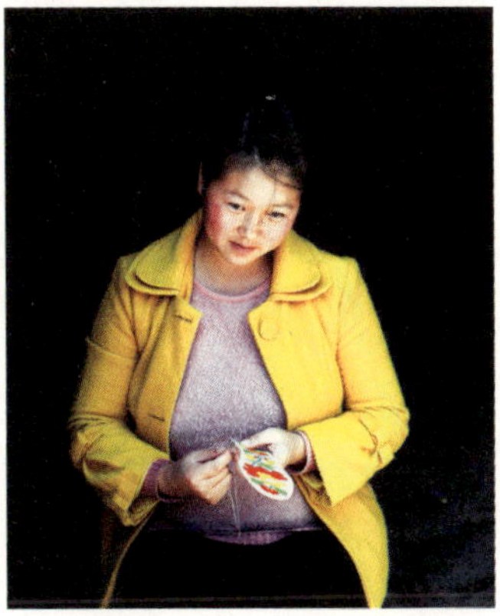

扎鞋垫 吴健 摄

狮子帽　　　　　　　　　　　　　　吴健　摄

风帽　　　　　　　　　　　　　　王常林　摄

与上衣扣眼相扣。还自制小伙青布头巾、对襟衫等。香巾为旧时未婚女子专绣的定情物，长只有 33 厘米，却展现出了旧时婚嫁男方迎亲的盛况：以三个正方形相叠，上绣八乘彩轿，14 抬陪嫁，旗、伞、篮、壶等物一共近百件，76 个人物，通常可绘出日月星辰、林木花果、龙凤麒麟、楼台琼阁等百余种图案，尺幅之内展现出大千世界。

兰英村刺绣种类多，用途广。小孩出生要做娃娃鞋、娃娃帽、娃娃围腰、娃娃枕头。娃娃鞋不扎底，鞋面绣花。娃娃帽由多块绣花拼凑而成，有的还镶嵌银菩萨。花帽的形状有“狮子头”“猫儿头”“莲花瓣”等。娃兜兜有的绣花，有的绣动物图案，有的还绣上“长命富贵”等字样。娃娃枕，长 30 厘米，高 10 厘米，两头绣花，精致小巧，玲珑别致。成年男子有花板袋、花荷包。花板袋内外多层，表层绣花，可装钱、烟、小件物品。花荷包有方形、圆形或多层折叠的花朵形。荷包绣花，很讲究图案设计，一般是“喜鹊闹梅”“蝴蝶恋花”，有的还绣上“吉祥如意”“郎君如意”等字样。成年女子的绣花用品种类更多。从头到脚的各式穿戴，样样都有刺绣。其中最讲究的是绣花鞋、绣花巾。绣花鞋一般用黑布面做底，布料多用织贡呢、黑哔叽，绣花用五色线，花样有栀子花、卷草花、牡丹花等，大花瓣绣在鞋尖，枝叶花蕾绣在两边，红花绿叶，色彩鲜艳，对比强烈。鞋垫绣花图案最为丰富。常见的有卍字格、回纹格、菱形格、梅花格、方块格等，花样百出，变化无穷，刺绣精巧的鞋垫往往也是姑娘送给情人的礼品。

兰英人爱刺绣，死后还要带上几件刺绣走，如死了要穿“老鞋”，盖“寿铺盖”。老鞋要在生前由亲生长女做好试穿，鞋底、鞋面都要绣花，死者无论男女，鞋面一概绣

篾编团簸　　吴健　摄

篾编　　佘平　摄

上莲花，花中有莲蓬，蓬中必须有莲子，认为穿上它后辈就能连生贵子，后继有人、兴旺发达。寿铺盖要绣龙绣凤，表示吉祥如意，福至子孙。

后来兰英姑娘们学会了绣十字绣，从外面刺绣店买成品图案和各色花线，照着图案一针一线绣成。

编织　兰英村的编织品主要是竹篾编和草编两种。

竹编制品有箩筐、背篓、簸箕、筛子、笆篓、皮篓、篮子、凉席等，这些都是兰英人常备的劳动和生活用具，男人们都能编一些，并出现了不少专业篾匠。

篾匠手艺是细致活，不同的制品得选用不同的竹子。编织花背篓，主要材料是金竹、凤竹、黄竹和水竹。其材料制作程序为：用篾刀横削去竹节凸起部分，再劈竹、起（剥开）黄，最后起厚篾，劈为丝篾。竹子劈成较细的篾后，最外面一层带着竹子的表皮，行话叫青篾，此层篾最结实；不带表皮的篾，则叫黄篾。从青篾到黄篾，一片竹可以劈出八层篾片。黄篾比青篾的结实度差远了，但它们各有用途。像箩筐、柴背篓、凉席的主要部位都用黄篾织；而竹器的受力部位，要用青篾。丝篾需用匀刀匀成厚薄一致、粗细均匀的篾片或篾丝才能使用。

编织花纹图案则要加工花篾，即红绿黑等各种颜色的篾。一般加工黑色篾条的方法是在竹子刮节去青后，用松树油熏制或用核桃树皮煮制；红色多用巴巴红加酒煮制而成。花背篓的编织程序是：用厚篾编底，青篾当框架，丝篾配搭适当花篾编织，然后锁口，编背带。一个背篓就算成功了。篾匠有一套基本功：砍、锯、切、剖、拉、撬、编、织、削、磨，想要样样扎实，得下不少功夫。现在年轻人大都不愿吃苦，村

编草鞋　　佘平　摄

里原来从事竹编的人也都改了行，手艺后继乏人。

兰英村的草编手艺，多用于打草鞋。打草鞋有一套工具，称鞋架子，套在板凳上，系在腰间，双手操作。草鞋是过去人们常穿的劳动鞋，热天穿偏耳子草鞋，凉爽，脚不出汗；冬天脚上裹上一叶棕，穿满耳子草鞋，既暖和又轻巧。草编的材料种类多，有稻谷草、牛麻藤、苎麻、竹麻、棕片等。

石雕　　佘平　摄

石雕　兰英村的石雕虽不精致，却有表现力，石匠凭心凭手在石头上雕刻，不需要画底图，只有錾子的大小区分，能雕出各种人物、动植物形象和日月山水，美化了石器。如在石水缸正面雕红旗形象，有镰刀、斧头、五角星；在石廊柱上雕龙凤，在石门坎上雕卍字格花，在石门坊上雕孔雀，在石砚台上雕兰花，在石桌子上雕八仙过海图，在石猪槽上雕猪八戒扛钉耙，在碑上雕二龙抢宝或龙凤呈祥等，还有在门前雕吞口（狮子），在家里神龛上和庙里雕菩萨等。兰英村石雕技艺在20世纪末淡出，无以为继。

漆工　兰英村的生漆多，传统生漆工艺特色最为突出。

生漆在兰英村一般用于漆家具、门窗、黑板、棺材等，旧时也用生漆漆陪嫁妆奁。漆匠使用的工具有牛角刮片、铁刮片、木工凿、猪鬃刷、托灰板、牛毛刷、油灰刀、木砂纸、水砂纸、纱布、棉布、麻布、药棉、瓷盆、铁锅、铁瓢、棕片等；使用的材料除主要成分生漆外，还要用到许多辅助材料，如石膏、土红、牛胶、酸性橙、大红、墨汁、松烟、炭黑、桐油、菜油、松香、汽油、朱砂、陀僧、土籽等。

生漆一般不能直接用，要进行处理。一是要过滤。两个人对坐，拉紧纱布或麻布，铺在瓷盆口上，漆匠将装生漆的容器打开，用瓢先舀走表面干涸凝固的漆，再搅匀容器里的漆液后舀到布上过滤。过滤完毕用报纸或塑料纸剪成合适的盖子盖住盆中生漆，以防漆液风干。二是要熬漆。将过滤后的生漆和原凝固的生漆同时倒入铁锅中，加入桐油熬制。生漆和桐油的比例为 1∶2 或 1∶1。以文火慢熬，边熬边用瓢不停搅动，帮助散发烟雾，待锅中烟泡消散，感觉浓度增加到一定程度时，便舀少许滴在斧头或凿子等铁器上，用手指以一定力度揩拭，凭感觉有一定的厚度摸不到铁的表面即可。浓度合适时，再加入少许菜油，不停搅动帮助散去烟雾。凭经验多次揩拭确认熬制成功后，将铁锅挪离火面，继续用瓢不停地搅动散烟。熬成的熟漆还要过滤一次，量少就用纱布或麻布过滤，量多就用新撮箕铺上几层棕片放在土陶盆上过滤。熟漆用容器装置备用，表面再不会干涸凝固。

漆家具、陪嫁妆奁、门窗等有新旧两种做法。

旧做法：将生漆和水以 2∶1 或 1∶1 的比例，加入适量土石膏调制均匀，成为漆灰。用牛角刮片在木材表面的裂缝、疤痕和不光滑的地方刮上一层漆灰，然后等漆灰风干。一般一天左右就干透了，再用粗砂纸将木材打磨光滑。如木材表面仍然不平可连续刮几次，直到感觉平整为止。有的为了节省费用，刮灰不用生漆灰，用牛胶水或血旺子加石膏调灰，同样刮灰打磨光滑后，用毛巾抹干净灰尘。底色颜料是用牛胶熬成的浓胶液加水，再加入土红等勾兑而成。将之刷于木材表面，干透之后用细砂纸打磨光滑。最后刷上面漆，面漆要用熬制过的熟漆。

新做法：用广石膏、生漆、少许桐油调成漆灰，用牛角刮片刮在木材表面的裂缝、疤痕和不光滑的地方。一般半天左右就干透了，用粗砂纸将其打磨光滑，用毛巾抹干净后，在整个表面刮上一层灰。等干透后用细砂纸打磨光滑，用毛巾抹干净后刷上底色。底色颜料用淡胶水加酸性橙或其他颜料勾兑而成。用猪鬃毛刷把底色刷在器物的表面上，干后，再刷漆。也可用 1 份生漆配 4 份汽油（或 1 份生漆配 3 份汽油），加少许桐油配成勾兑漆，用猪鬃毛刷醮勾兑漆在表面刷一层，干透后用最细的砂纸打磨光滑，用毛巾抹干净后刷上底色和面漆。新做法面漆要用熟漆和生漆

生漆漆的大桌子　　王常林　摄

勾兑，根据气候和生漆的质量、性能调配，熟漆和生漆的比例大致在1∶1至5∶1之间，凭经验调制后找一个小物件试刷，次日观看，合适就刷漆，不合适就继续调配。

漆黑桌面、黑板、棺材等做法较复杂，程序多，时间花费长，要求漆匠师傅手艺高超。要仔细刷漆灰（节省费用可刮牛胶灰、旺子灰），仔细打磨，反复进行。黑底色漆用生漆、松烟或炭黑，加入汽油勾兑而成（节省开支可用淡牛胶水兑墨汁或松烟），用猪鬃毛刷醮黑底色漆均匀地刷在表面上；黑底色干透后再刷面漆。刷面漆的方法与刷家具、陪嫁妆奁的旧做法一样。但刷黑板的面漆不能用熟漆，要刷生漆。

木工　兰英村是森林之村，一般男人都会做点木工活，能取材、牵墨线、用斧头铗料、用锯子改板料、用刨子刨光、用凿子打眼，打造简单木家具。木工分级别，不能清缝（两块木板镶嵌成一块，看不到缝隙）的木匠叫弯刀木匠、蛮木匠；能清缝的木匠叫好木匠；能做无钉榫头和雕花镂纹的木匠叫高级木匠。比较有技术含量的木制品有八仙桌、嫁妆奁、棺材、雕花走廊栏杆、大门、圆盆、水桶等。木匠离不开木马，是一个

木工工具　　代纯明　摄

木工　　代纯明　摄

“十”字架，在交叉点打眼挖槽扣在一起，用一根粗细适当的小圆木，一头贯穿在眼中，固定十字架。木马放在地上三脚落地。做木活时用两个木马对放，上面放木料，正好齐木匠腰，便于干活。

◉ 民间文艺

兰英村民间文艺形式多样，主要有五句子山歌、小调、薅草锣鼓、耍锣鼓、童谣、故事传说等。

五句子山歌

五句子山歌分布在整个巫溪县域，周边巫山县的大昌、福田、龙溪、官阳、当阳五个乡镇，云阳县江口镇，陕西省镇坪县，湖北省神农架林区、房县等靠近巫溪县的部分地区也有少数人唱五句子山歌，但分布地区十分狭窄。而兰英村是五句子山歌的核心地区，内容丰富，十分流行。五句子山歌是具有典型巫溪地方特色和独特文艺色彩的民间诗歌形式，有别于中国传统的四行和八行诗体。2009 年巫溪县五句子山歌被列入重庆市非物质文化遗产保护名录，兰英村的五句子山歌是巫溪县五句子山歌的重要组成部分。

五句子山歌从诗的角度看，结构形式独特，内容情真意纯，是开在大山里一枝古老的民间文艺奇葩。五句子山歌以第一句为题目，以七言五句为基本格式，五句为一首，每一首独立成章，如“问声歌师几多歌，山歌硬比牛毛多，唱了三年六个月，歌师喉咙都唱破，才唱一个牛耳朵”。

五句子山歌的第五句最有艺术魅力，它往往是意境升华，艺术情趣之所在，故有“五句山歌五句单，四句容易五句难”的说法。由此，五句子要求第四句能结束，第五句奇峰突起，画龙点睛，如“鸭嘴没有鸡嘴尖，哥口没有妹口甜，何时要个甜妹妹，煮菜不用放油盐，生米当饭味也甜”。五句子歌要求押韵，也有一批传统五句子歌词并不一韵到底，而在第三句或第四句上转韵，如“小来唱歌到如今，没有上天数星星，芝麻论升不论颗（转韵），绫罗论匹不论梭，你把大话狠哪个”。通过转韵，节奏更强，更富音乐性，且增加了用词的容量，拓宽了艺术表现力。五句子在语言上不追求避“俗”求雅，而是将村言俗语大量入诗，使之形成清新、朴实的自然美，具有浓郁的生活气息和地方色彩，易懂易记、便于成诵、朗朗上口，韵味无穷。“一把扇子二面花，隔扇看见俏冤家，我看情哥会种田，情哥看我会绣花，大风吹不倒犁尾巴。”在压轴部位放上一句俗话“大风吹不倒犁尾巴”，寥寥数字就勾勒出一幅男耕女织、相亲相爱的图画。五句子山歌反映了人们劳动生活的方方面面。有劳动场景，有劳动间歇的活动，有各种社会生活习俗，以及一些历史掌故、风土人情等。没有太多的哀怨忧愤，而以欢快直露、纯朴真挚见长。形式上多是自由对答和唱和。

五句子山歌具有一般民歌共有的艺术表现手法，如用比喻、双关、暗示、夸张、顶针、对偶、谐音、比兴等多种修辞手法和叙述、白描、抒情、议论等表达方式，制造小情节，生动有趣，充满了生活气息。特别是最后一句画龙点睛，让人耳目一新。例如“高山顶上一口洼，郎半洼来姐半洼，郎的半洼种豇豆，姐的半洼种西瓜，她不缠我我缠她”，利用瓜豆缠藤之“缠”，顺势扯到郎姐相缠（相爱）上去，一语双关，妙不可言。

纯五句　一首五句子山歌歌词独立成章，表达一个相对完整的意思，不与另外一首发生联系，称纯五句。纯五句数量众多，各个时代都有个人或集体创作的作品，内容丰富，生动形象。如：

太阳出来照白岩，
白岩脚下桂花开，
桂花还要贵人采，
不是贵人你莫来，
十指尖尖选人才。

新打镰刀慢转弯，
做事还是头回难，
心里犹如打战鼓，
脸上犹如火烧山，
好比破船下陡滩。

吃了（吸了）烟来把灰空（收拾干净），
劝郎行善莫行凶，
霸王行凶乌江死，
韩信死在未央宫，
人在闲世一场空。

吃了烟来把灰抡，
仁贵拖刀出东门，
仁贵一匹乌鬃马，
骑到战头（阵前）仗打赢，
仗不打赢不转身。

关爷胡子生得恶，
五月十三把刀磨，
大刀磨断长江水，
小刀磨断九条河，
这样威风怕哪个？

五句子歌来五句子歌，
你的没有我的多，
昨日听到船板响，
今日看到船板梭（在水上漂流），
船船装的五句子歌。

情哥情妹藕塘西，
真情哪怕外人知，
风吹云动月不动，
水涨船高岸不移，
你我相好好到底。

郎在高山砍窑柴，
姐在河下送饭来，
太阳大来晒红脸，
土巴（泥巴）硬来蹭破鞋，

不为情哥我不来。

隔河看到姐上坡，
郎打排哨姐站着，
姐儿听见排哨响，
行得少来坐得多，
相思路上等情哥。

昨日与姐同河过，
八幅罗裙水上拖，
心想帮忙捞一把，
沿河两岸人又多，
好汉莫让人识破。

姐儿门前一树槐，
站在树下望郎来，
娘问女儿望什么，
我望槐花几时开，
几乎说出望郎来。

隔山隔水又隔溪，
望见两边鸳鸯啼，
鸳鸯见郎高飞起，
姐儿见郎笑嘻嘻，
口里不说在心里。

姐儿门前一园竹，
娘要砍来姐要蓄，
娘要砍来编帘子，

姐要蓄来遮太阳，
情哥来了好乘凉。

天上乌云赶白云，
地下狮子赶麒麟，
白鸽单赶长江水，
乌鸦赶的黑松林，
姐儿单赶有情人。

从小唱歌到如今，
没有上天数星星，
芝麻论升不论颗，
绫罗论匹不论梭，
你把大话狠哪个？

兵对兵来将对将，
争先恐后赛战场，
山歌唱得劲头昂，
手握锄把铁板扬，
保得秋后谷满仓。

唱歌要唱古人名，
吃酒要像吕洞宾，
做官要学包文拯，
日断阳来夜断阴，
破瓦窑中断乌盆。

情妹门口一口塘，
左边栽柳右栽杨，

风吹杨柳二面倒，
杨缠柳来柳缠杨，
情妹缠住小情郎。

情妹门口一棵树，
一对喜鹊树上住，
一只飞去寻食吃，
一只窝里把蛋孵，
恩恩爱爱多幸福。

情妹住在桃树林，
桃树下面传笑声，
摘个红桃两人吃，
一口一口甜在心，
情哥情妹情意深。

情妹生得实在乖（漂亮），
粉红脸蛋桃花腮，
脚穿花鞋花上踩，
身穿花衣花裙钗，
惹得蜂蝶涌上来。

太阳出来照山冈，
姐在河边洗衣裳，
手拿棒槌眼望郎，
情郎不来心里慌，
下下捶到石板上。

高山点灯不怕风，

大海造船不怕龙，
打猎不怕遇老虎，
情妹不怕情哥穷，
冷水泡茶慢慢浓。

吃了烟来把灰扬，
黑脸嘟嘴数包爷，
包爷黑来不算黑，
唐朝有个胡敬德，
连人带马一锭墨。

高山岭上一丘田，
水车渡水栽三年，
人家栽的活塘水，
我今栽的干坡田，
混得一年是一年。

吃了烟来满口香，
口问姐儿想郎不想郎，
丝瓜开花长长长，
干豆子开花想成双，
哪有情妹不想郎。

叫声哥哥你莫奤（骄傲自满），
为人处事还少操（实践经验），
满罐子水不会响，
半罐子水响叮当，
奤头奤脑无下场。

情妹生得好人才，
长得飘逸逗人爱，
好像明珠空中挂，
光彩照亮九条街，
蜂蝶成群追拢来。

昔日宋朝出岳飞，
精忠报国背上背，
然何他又遇秦桧，
假传圣旨莫有罪，
风波亭上把天归。

人生在世不一般，
又愁吃来又愁穿，
又愁父母年老死，
又愁儿女受饥寒，
又愁柴米与油盐。

郎在高山砍干柴，
姐从坡下走上来，
一不拿走郎的斧，
二不抢走郎的柴，
看郎脚板好做鞋。

太阳出来晒死人，
妹在房中把香焚，
一不烧香求儿女，
二不烧香求金银，
求朵乌云遮郎身。

栀子花儿傍墙栽，
墙矮花高现出来，
有情哥哥你来采，
无情哥哥你莫怪，
人多花少分不来。

情姐住在陡石崖，
山高路远两隔开，
翻山越岭来探姐，
草坡走出大路来，
一年多费几双鞋。

吃了烟来把灰扬，
马上抛枪杨六郎，
养的儿子杨宗保，
娶的媳妇穆桂英，
为打江山保太平。

吃了烟来把灰空，
白马银枪赵子龙，
长坂坡前保阿斗，
万马军中称英雄，
三国英雄在其中。

太阳落土（山）又落窝（山坳），
听我唱个扯谎歌，
早晨看见牛生蛋，
黑了看见鱼衔窝，

风吹石头滚上坡。

挑着一担日杂货，
翻山越岭爬坡坡，
前山有人我摇鼓，
后山有人我打锣，
走山货郎辛酸多。

太阳出来照山尖，
家家户户冒青烟，
甑子蒸的白大米，
锅里煮的瘦腊肉，
你看享福不享福。

赶五句 几首五句子山歌歌词连缀在一起，内容有关联，称为“赶五句”，是对纯五句的扩充，便于说清楚事件情况，提供更多信息。如：

一

太阳落土四山黑，
薛刚骑马过湖北，
遇到兰英打一仗，
武艺高强了不得，
双双心跳脸发热。

薛刚一表好人才，
纪兰英长得实在乖，
借问对方名和姓，
各自有意记在怀，
好像山伯恋英台。

薛刚走进兰英寨，

拜天拜地拜将台，
夫妻同心鱼和水，
立志反唐名传开，
保得李显江山泰。

二

太阳出来照山河，
吃了早饭要出坡（下田劳动），
不在屋里光偷懒，
不在田坎唱闲歌（无事歌），
人勤粮食收获多。

太阳不觉当了顶，
热得知了要了命，
扬起锄头加紧干，
汗流地下湿一圈，
填饱肚子不简单。

太阳迟迟落了土（落了山），
一天干活实辛苦，
回家烧饭又喂猪，
半夜还在撕苞谷（玉米），
上床才觉腰杆痛。

三

五句子歌五句子会，
只准上前不准退，
上前三步杨宗保，
退后三步薛仁贵，

泼墨山水　　张鹰　摄

人活不过百把岁。

五句子歌来五句歌，
你的哪有我的多，
你讲文的我也有，
你讲武的我也多，
文武双全怕哪个？

你歌没有我歌多，
我歌比那沙子多，
五黄六月发大水，
冲走一河又一河，
冲走的没有唱的多。

说对歌来就对歌，

你歌哪有我歌多，

你的歌儿用车载，

我的歌儿驾船拖，

屋里还有几大箩。

穿号子 山歌，这山唱来那山应，是人们在山中互通信息的一种方式。五句子山歌可以单独唱，也可以在前面加上一个四句子歌，以五字句为基础，此处四句子称号子，与五句子歌合起来共九句，前四句后五句，总称鸳鸯号子，又叫穿号子。如：

号子

花咚咚的姐，

姐儿花咚咚。

情妹来采花，

背个花背篼。

五句子

情妹住在花树林，

身穿花衣花罗裙，

脚穿花鞋花上走，

手拿花扇扇花心，

花上加花爱死人。

穿号子的唱法是号子与五句子歌互相穿唱，在兰英村十分盛行，唱腔中有平腔和高腔，人们从小练习童音，声音独特，高亢深远，穿透力强，非常有特色。穿号子可一人唱、多人唱，可独唱、合唱，可主唱、和唱。在山中劳动时，人们一旦唱起来，此起彼伏，婉转悠扬，你帮我衬，你起我和，听之让人激动不已、兴奋异常。

穿号子的穿唱法以《豌豆开花紫巍巍》为例：

号子

太阳出来红，

仁贵去征东。

手拿穿云箭，

要斩苏宝童。

五句子

豌豆开花紫巍巍，
跨海征东薛仁贵，
仁贵骑的白龙马，
骑到外国两交界，
不打赢仗不转来。

比如两个人穿唱，甲唱五句子、乙唱号子。

甲唱：豌豆开花紫巍巍
乙唱：太阳出来红
甲唱：跨海征东
乙唱：仁贵去征东
合唱：薛仁贵　要斩苏宝童
甲唱：跨海征东薛仁贵
乙唱：太阳出来红
甲唱：仁贵骑的
乙唱：仁贵去征东
合唱：白龙马　要斩苏宝童
甲唱：仁贵骑的白龙马
乙唱：太阳出来红
甲唱：骑到外国
乙唱：仁贵去征东
合唱：两交界　要斩苏宝童
甲唱：骑到外国两交界
乙唱：太阳出来红
甲唱：不打赢仗
乙唱：仁贵去征东
合唱：不转来　要斩苏宝童
甲唱：不打赢仗不转来

乙唱：太阳出来红

甲唱：鸳鸯号子

乙唱：仁贵去征东

合唱：鸳鸯叫 要斩苏宝童

五句子穿唱时若最后面差一句，就统一加一句“鸳鸯号子鸳鸯叫”，因此穿号子又叫鸳鸯号子。穿号子时号子部分要去掉第三句。穿号子词前面四句和后面五句有一定内在联系，穿唱起来意思才明白流畅。穿号子是对纯五句的大发展，可以让更多人参与，有更高亢深远的唱腔和独特的高音唱法。穿号子歌词如下：

一

扇儿三尖角，
书生脸皮薄。
各人不开口，
怪得哪一个。

同路走来你不提，
分开岔路叹长气，
你是男子羞开口，
我是女子也害羞，
哪有黄河水倒流。

二

郎在荆州府，
姐在大宁州。
虽然隔得远，
同天共日头。

新打扇纸柳丝缠，
相交情妹在云南，
上隔黄河三道水，

下隔四川峨眉山，
要得相会难上难。

三

太阳过了河，
扯住太阳脚。
太阳你转来，
有句话儿说。

太阳落了月儿来，
打架筒车车转来，
白天车（转）来长江水，
晚上车得美梦来，
车去车来好开怀。

四

太阳当了顶，
树叶发了白。
锄头高挂起，
阴凉树下歇。

昨日师徒同路行，
师傅骑马我骑龙，
师傅骑马沿山跑，
我骑龙来水上漂，
师傅没得徒弟高。

五

背上背笆篓，

手拿钓鱼钩。
眼望河中鱼，
怎样才到手？

吃了饭来下河游，
钓钩插在沙里头，
别人钓鱼青丝鸟，
我郎钓鱼黄狗头，
愿得鱼儿来上钩。

六

活儿干得急，
汗水往下滴。
干劲了不得，
坚持不休息。

月亮弯弯照岩上，
社员夜战在山腰，
男女社员一起搞（干），
党的支部作领导，
干劲冲破九重霄。

七

月亮镰刀样，
照在西坡上。
男人打窝子，
女人栽树秧。

太阳偏西要追上，

水流　　　　廖典成　摄

追得太阳着了慌，
一下滚到西山上，
满天星星伴月亮，
披星戴月种树忙。

八

山高我不怕，
坡陡我要爬。
荒坡和荒岭，
全都要绿化。

睡了一觉月亮起，
支书赶忙穿上衣，
喊醒老婆和邻里，

扛着锄头上坡去，

退耕还林战火激。

小调 兰英村的民间小调，与五句子山歌不同，歌词没有严格固定的格式，种类繁多，依然以反映爱情和劳动的居多。每一首歌的歌谱、唱腔、调子固定。代表歌曲有《探妹歌》《探郎歌》《十把扇儿》《采茶歌》《绣荷包》《十送》《十想》《帕子歌》《十劝》《十杯酒》等，人们边干活边唱，尤其是妇女们做针线活时常唱。过年过节或下雨天休息时，人们便聚在一起唱歌或听别人唱。小调歌词通俗，音调优美，抒情性强，唱法简单，普及性强。兰英村民间小调历史久远，除传统保留曲目外，也随时代前进不断创新，歌颂新时代和新生活。小调歌词常以一到十的数字或一月到腊月的顺序开头，句式结构相似，每句字数相差不大，每段内部押韵，各段韵脚不一，不避重复字，反复咏叹。每段词的内容均围绕主题进行，主旨鲜明，浅显易懂。其中包含很多生活常识和历史知识，与当地环境、民俗契合。

兰英村民间小调歌词选：

绣荷包歌

荷包儿，绣一针，要绣天边那朵云，（姐呀罗耶）寅时落雨卯时晴。

荷包儿，绣二针，要绣杪椤树一根，（姐呀罗耶）杪椤树下等情人。

荷包儿，绣三针，要绣桃园结义人，（姐呀罗耶）三人结拜一条心。

荷包儿，绣四针，要绣四姐一个人，（姐呀罗耶）四姐下凡配崔文。

荷包儿，绣五针，要绣阳雀闹五更，（姐呀罗耶）阳雀过身永传名。

荷包儿，绣六针，要绣六丁六甲神，（姐呀罗耶）身怀六甲有传人。

荷包儿，绣七针，要绣七姐下凡尘，（姐呀罗耶）七姐下凡配董永。

荷包儿，绣八针，要绣神仙吕洞宾，（姐呀罗耶）八仙过海闹沉沉。

荷包儿，绣九针，要绣女娲补天庭，（姐呀罗耶）盘古开天第一人。

荷包儿，绣十针，绣尊南海观世音，（姐呀罗耶）保佑我郎永康宁。

帕子歌

一块帕子（心呀哟儿肝），白漂漂（妹儿哟耶），帕帕一个送与（哟呵耶），郎扎腰（哥啊哥）；

帕子烂哒（心呀哟儿肝），奴还在（妹儿哟耶），千针万线（哟呵耶），绣拢来（哥呀哥）。

二块帕子（心呀哟儿肝），二面花（妹儿哟耶），书生爱我（哟呵耶），我爱他（哥啊哥）；

书生爱我（心呀哟儿肝），年纪小（妹儿哟耶），我爱书生（哟呵耶），十七八（哥呀哥）。

三块帕子（心呀哟儿肝），三点红（妹儿哟耶），帕子上面（哟呵耶），绣蛟龙（哥啊哥）；

左边绣起（心呀哟儿肝），龙摆尾（妹儿哟耶），右边绣起（哟呵耶），凤抬头（哥呀哥）。

四块帕子（心呀哟儿肝），四点青（妹儿哟耶），针头麻线（哟呵耶），有半斤（哥啊哥）；

别人拿来（心呀哟儿肝），拿不动（妹儿哟耶），奴家拿来（哟呵耶），不费神（哥呀哥）。

五块帕子（心呀哟儿肝），五点兰（妹儿哟耶），帕子上面（哟呵耶），绣牡丹（哥啊哥）；

旁边姑娘（心呀哟儿肝），讨花看（妹儿哟耶），看花容易（哟呵耶），绣花难（哥呀哥）。

六块帕子（心呀哟儿肝），六尺多（妹儿哟耶），幺姑莫用（哟呵耶），手来摸（哥啊哥）；

汗手摸花（心呀哟儿肝），花毁色（妹儿哟耶），千针万线（哟呵耶），谁绣得（哥呀哥）。

七块帕子（心呀哟儿肝），七尺整（妹儿哟耶），帕子上面（哟呵耶），绣古人（哥啊哥）；

左边绣的（心呀哟儿肝），张果老（妹儿哟耶），右边绣的（哟呵耶），吕洞宾（哥呀哥）。

八块帕子（心呀哟儿肝），八角方（妹儿哟耶），八人八马（哟呵耶），动刀枪（哥啊哥）；

杀死敌人（心呀哟儿肝），犹小可（妹儿哟耶），杀死我郎（哟呵耶），断肝肠（哥呀哥）。

九块帕子（心呀哟儿肝），九州全（妹儿哟耶），帕子搭在（哟呵耶），小郎肩

（哥啊哥）；

左边搭的（心呀哟儿肝），风摆柳（妹儿哟耶），右边搭的（哟呵耶），仙花莲（哥呀哥）。

十块帕子（心呀哟儿肝），都齐备（妹儿哟耶），绣起乌鬃（哟呵耶），马一匹（哥啊哥）；

别人买马（心呀哟儿肝），我不卖（妹儿哟耶），留与小郎（哟呵耶），做坐骑（哥呀哥）。

倒采茶

腊月采茶下大凌（那个）（刘冬姐），王祥为母（嘛）（牡丹花），卧寒冰（嘞）（倒采茶）；

王祥为母寒冰困（那个）（刘冬姐），天赐鲤鱼（嘛）（牡丹花），跳龙门（嘞）（倒采茶）。

冬月采茶冬月冬（那个）（刘冬姐），秦琼打马（嘛）（牡丹花），过山东（嘞）（倒采茶）；

秦琼打马山东过（那个）（刘冬姐），夜奔潼关（嘛）（牡丹花），一场空（嘞）（倒采茶）。

十月采茶小阳春（那个）（刘冬姐），董永卖身（嘛）（牡丹花），葬父亲（嘞）（倒采茶）；

董永卖身真孝子（那个）（刘冬姐），天赐仙女（嘛）（牡丹花），配成婚（嘞）（倒采茶）。

九月采茶菊花黄（那个）（刘冬姐），木莲和尚（嘛）（牡丹花），去寻娘（嘞）（倒采茶）；

十八地狱都寻过（那个）（刘冬姐），转来封他（嘛）（牡丹花），地藏王（嘞）（倒采茶）。

八月采茶是中秋（那个）（刘冬姐），杨广观花（嘛）（牡丹花），下扬州（嘞）（倒采茶）；

一心想吃桂花酒（那个）（刘冬姐），万里江山（嘛）（牡丹花），一旦丢（嘞）（倒采茶）。

七月采茶七月七（那个）（刘冬姐），牛郎织女（嘛）（牡丹花），两夫妻（嘞）（倒采茶）；

比人夫妻长相守（那个）（刘冬姐），天河隔断（嘛）（牡丹花），两分离（嘞）（倒采茶）。

六月采茶六月阴（那个）（刘冬姐），宋朝有个（嘛）（牡丹花），穆桂英（嘞）（倒采茶）；

七十二道天门阵（那个）（刘冬姐），阵阵不离（嘛）（牡丹花），她本人（嘞）（倒采茶）。

五月采茶是端阳（那个）（刘冬姐），刘秀十二（嘛）（牡丹花），走南阳（嘞）（倒采茶）；

姚期马武双救驾（那个）（刘冬姐），二十八宿（嘛）（牡丹花），闹昆阳（嘞）（倒采茶）。

四月采茶四月八（那个）（刘冬姐），丁山三请（嘛）（牡丹花），樊梨花（嘞）（倒采茶）；

辞别母亲去挂帅（那个）（刘冬姐），保住唐王（嘛）（牡丹花），坐中华（嘞）（倒采茶）。

三月采茶桃花红（那个）（刘冬姐），杨泗将军（嘛）（牡丹花），斩蛟龙（嘞）（倒采茶）；

斩得蛟龙头落地（那个）（刘冬姐），一腔鲜血（嘛）（牡丹花），满江红（嘞）（倒采茶）。

二月采茶百花开（那个）（刘冬姐），无情无义（嘛）（牡丹花），蔡伯喈（嘞）（倒采茶）；

苦了前妻赵四姐（那个）（刘冬姐），罗裙兜土（嘛）（牡丹花），垒坟台（嘞）（倒采茶）。

正月采茶得一年（那个）（刘冬姐），刘备关张（嘛）（牡丹花），结桃园（嘞）（倒采茶）；

弟兄徐州失散了（那个）（刘冬姐），古城相会（嘛）（牡丹花），又团圆（嘞）（倒采哟茶）。

十月梭

正月好唱正月梭，新接媳妇拜公婆，红绸褂儿绿色袖，八幅罗裙就地拖。

二月好唱二月梭，燕子衔泥过江河，燕子衔到高楼上，一楼更比二楼多。

三月好唱三月梭，三月牡丹开得多，大姐无意泼下水，淹死牡丹树一棵。

四月好唱四月梭，四月蚕儿养得多，大蚕老了做好茧，桑树梢上织绫罗。

五月好唱五月梭，石榴开花红似火，夫妻二人一处坐，太阳笑得乐呵呵。

六月好唱六月梭，六月炎天似炉火，公婆二人叫打扇，险乎热死女娇娥。

七月好唱七月梭，七月早谷荡金波，春华秋实人勤早，夫妻同唱丰收歌。

八月好唱八月梭，八月菱角老得多，红绸裤儿高扎起，夫妻下塘采菱角。

九月好唱九月梭，九月菊花香满坡，菊花老了做好酒，做坛好酒敬公婆。

十月好唱十月梭，霜打百草死得多，叶被霜打树未死，留得明年早结果。

十把扇儿

一把（一个）扇儿嘛（连连儿）朵朵齐哟（溜溜儿），这把（那个）扇儿嘛（哎嗨哟）郎买的嘛（干哥哥）；

郎买（一个）扇儿嘛（连连儿）费了财哟（溜溜儿），姐给（那个）情哥嘛（哎嗨哟）做双鞋嘛（干哥哥）。

二把（一个）扇儿嘛（连连儿）二面花哟（溜溜儿），情哥（那个）爱我嘛（哎嗨哟）我爱他嘛（干哥哥）；

我爱（一个）情哥嘛（连连儿）年龄小哟（溜溜儿），情哥（那个）爱我嘛（哎嗨哟）十七八嘛（干哥哥）。

三把（一个）扇儿嘛（连连儿）是清明哟（溜溜儿），姑嫂（那个）二人嘛（哎嗨哟）去相亲啰（干哥哥）；

嫂嫂（一个）头顶嘛（连连儿）遮阳布哟（溜溜儿），妹妹（那个）头顶嘛（哎嗨哟）是朵云啦（干哥哥）。

四把（一个）扇儿嘛（连连儿）四角方哟（溜溜儿），姊妹（那个）二人嘛（哎嗨哟）坐中堂嘛（干哥哥）；

两边（一个）坐的嘛（连连儿）情小姐哟（溜溜儿），中间（那个）坐的嘛（哎嗨哟）情小郎嘛（干哥哥）。

五把（一个）扇儿嘛（连连儿）是端阳哟（溜溜儿），扇儿（那个）掉在嘛（哎嗨哟）大路旁嘛（干哥哥）；

别人（一个）捡到嘛（连连儿）要钱取哟（溜溜儿），姑嫂（那个）捡到嘛（哎嗨哟）进绣房嘛（干哥哥）。

六把（一个）扇儿嘛（连连儿）大热天哟（溜溜儿），这把（那个）扇儿嘛（哎嗨哟）把情牵啦（干哥哥）；

郎扇（一个）三扇嘛（连连儿）凉风起哟（溜溜儿），姐扇（那个）三扇嘛（哎嗨哟）大汗干啦（干哥哥）。

七把（一个）扇儿嘛（连连儿）七莲台哟（溜溜儿），南京（那个）买来嘛（哎嗨哟）北京带呀（干哥哥）；

不是（一个）相好嘛（连连儿）买不到哟（溜溜儿），不是（那个）情人嘛（哎嗨哟）带不来呀（干哥哥）。

八把（一个）扇儿嘛（连连儿）是中秋哟（溜溜儿），姑嫂（那个）二人嘛（哎嗨哟）去梳头啊（干哥哥）；

嫂嫂（一个）梳的嘛（连连儿）龙摆尾哟（溜溜儿），妹儿（那个）梳的嘛（哎嗨哟）凤点头啊（干哥哥）。

九把（一个）扇儿嘛（连连儿）是重阳哟（溜溜儿），姑嫂（一个）二人嘛（哎嗨哟）去上香啊（干哥哥）；

嫂嫂（一个）烧香嘛（连连儿）求儿女哟（溜溜儿），妹妹（那个）烧香嘛（哎嗨哟）找情郎啊（干哥哥）。

十把（一个）扇儿嘛（连连儿）小阳春哟（溜溜儿），人人（那个）马马呀（哎嗨哟）去接亲啦（干哥哥）；

接到（一个）半路嘛（连连儿）吹吹打哟（溜溜儿），接到（那个）屋里呀（哎嗨哟）拜高堂啦（干哥哥）。

媳妇回娘家

七月草下马，媳妇回娘家。打把青布伞，身背奶娃娃。
端把金交椅，对面来坐下。打开青丝发，象牙梳一把。
梳个盘龙髻，插上几朵花。一对银耳环，吊在耳朵下。

薅草锣鼓　　金良铸　摄

穿件翠蓝衫，外套青马褂。下系水罗裙，绣的牡丹花。
一双红绣鞋，刚好二寸八。向前进三步，后退七八下。
堂前拜三拜，拜上老人家。告辞奴公爹，告辞奴公妈。
告辞奴的丈夫呀，这回有几天耍。

薅草锣鼓　薅草锣鼓又称薅草歌，广泛存在于渝东鄂西一带，兰英村为核心地区之一。它起源于古代，锣鼓匠又唱又打，是集体劳动和田歌艺术的结合。在结群薅草时，由两位师傅领唱或对唱，调子固定，歌词简洁。如“你一歇来我一歇，张飞打马接玄德，张飞接得玄德马，自家迎接自家客”。两位师傅一人按专门的鼓引子（谱子）击鼓，一人应点敲锣，锣鼓间歇，歌声即起，轮流对唱，整日不歇。有时也唱“扬歌”，即高调山歌，包括穿号子。歌唱师傅是当地才子，随口便答，出口成章。歌词多由故事传说和轶闻趣事改编而成，有的也即兴创作，有感而发，见啥唱啥，能紧跟形势，理论联系实际，通过唱词鞭挞丑恶，歌颂真、善、美。锣鼓节奏由慢到快，劳作节奏也随之加快，最后涌现劳动高潮。一天之内，三起三落，称为“三潮”。特别是在歇息或收工之前，锣鼓节奏越来越快，最后戛然而止，俗称“放擂”。

在兰英村，每逢玉米薅二遍草时节，村民通常会唱薅草歌。炎炎烈日下两个歌手执鼓司锣，走在薅草队伍前面边击打边唱歌，提神鼓劲，队伍边听歌边薅草，紧随其后，虽挥汗如雨却情绪高涨，干劲十足，艰辛的劳作在欢乐的气氛中不知不觉完成。 历史上，农村集体劳动时薅草锣鼓最为兴盛，“薅秧不唱歌，必定稗子多”。兰英村薅草锣鼓唱和打形式多样，内容丰富，原始性强，地方特色浓郁。此俗从20世纪80年代后逐渐淡化。

耍锣鼓 耍锣鼓是兰英村历史悠久的传统民乐。谁家有了红白喜事，都要请一班耍锣鼓的来热闹热闹，村里流传着“锣鼓唢呐歌盛世，五音六律润心田。婚丧嫁娶没有它，无声无息人心寒”的歌谣。所以，兰英村人一遇红白喜事，不管是富是穷，都要请一班耍锣鼓的来渲染气氛。

耍锣鼓的乐队，一般由4～6人组成。四人乐队，一人打小铛锣，一人打牛皮鼓，一人打大铜锣，一人打铜钹。六人乐队，则在四人乐队基础上加上两人吹唢呐。

有唢呐伴奏的耍锣鼓，叫品锣。品锣的引子分为三个乐章。第一乐章叫长锣引，第二乐章叫鹤摆尾，第三乐章叫品锣身。

耍锣鼓时，先由小铛锣“当——当——当——”的引路，小铛锣实际上起着指挥和打拍子的作用，节奏大约是每秒钟一次，锣和钹则紧随着牛皮鼓的鼓点声，交叉敲响，其原则是锣钹不同路。如：布×布○×○布×布○×○布×○布×○布×布×布×布×布×○○以○○×○以×○。“布”，是一只鼓槌按在牛皮鼓上，另一只鼓槌单敲鼓面的声音；×（读“扯”），是钹与鼓的合弦声；○（读“撞”），是锣与鼓的合弦声。

耍锣鼓的引子（曲谱），有《品锣》《牛擦痒》《剪刀架》《登台点将》《麻雀闹林》

耍锣鼓　　代纯明　摄

《百花齐放》等数十个。

锣鼓匠挥动鼓（锣）捶，摇头晃脑，打到动情之时，锣鼓唢呐声中便多了许多欢快或悲伤的曲调。

兰英村会耍锣鼓的人很多，他们的演奏，或婉转悠扬、如泣如诉，或电闪雷鸣、万马奔腾，或抑扬顿挫，如刀砍斧削。

童谣 兰英村有四首传统的代表童谣，分别是《鸦鹊窝》《豌豆巅》《推磨》《张打铁》，下面举两个例子。

鸦鹊窝

鸦鹊窝，板板梭。杨二姐，卖馍馍。馍馍香，卖生姜。生姜辣，卖枇杷。枇杷苦，卖鸡肚。鸡肚薄，卖牛角。牛角尖，伸上天。天又高，打把刀。刀又快，好切菜。菜又甜，好过年；菜又苦，好过十五；菜又香，好过端阳。

豌豆巅

豌豆巅，胡豆苔，爹妈问我从哪里来？我从梁山读书来。读的什么书？读的人之初。吃的什么饭？吃的豆豆饭。什么豆？黄豆。什么黄？鸡蛋黄。什么鸡？两岔鸡。什么两？秤两。什么秤？官秤（政府衡发的秤）。什么官？啄木官（啄木鸟）。什么啄？碓啄（舂碓的木杆）。什么碓？梭碓（一种圆柱形的石碓）。什么梭？板板梭（一种滑雪的木板）。

故事传说 兰英村的故事传说优美动听，主题以劝善为主，篇幅短小，情节曲折。讲故事是兰英村人乐此不疲的爱好，尤其是冬季农闲时，人们围着火塘你讲一个、我讲一个，怡心开怀。集体劳动比如一起剥玉米时，也是人们讲故事的好时机，其中有很多经典传统的故事，也有临时创作的，产生了许多故事大王。兰英村的故事被收集整理后，作为巫溪县民间故事的一部分，2009 年被确定为重庆市非物质文化遗产。

溪流　　代纯明 摄

旅游名胜

兰英村的山山水水灵气十足，旅游资源得天独厚。阴条岭茫茫林海，无边无际，满目华章。兰英大峡谷，峰险壁峭，水清洞幽，秋日红叶，绚烂多姿。巫盐古道，记录了岁月的沧桑变迁；兰英寨遗址、白莲教活动遗迹，令人联想到烽火连天的画面。现代人造风景挂壁公路，如一条腰带挂在悬崖峭壁之上，险峻无比。

兰英村是森林旅游、峡谷旅游、红叶旅游、科考探险旅游、人文旅游的多元目的地，与周边的神农架、巫山、大官山、云台寺等旅游名胜连为一体，已成为重庆市巫溪县、巫山县、奉节县金三角旅游重要景点区。

兰英寨下古盐道，阴条岭里风景奇。
遥望巫山云台寺，巴岩子河红叶依。

◉ 古迹

巫盐古道 20 世纪 80 年代以前，巫溪县大宁盐厂经兰英村至湖北房县有一条热闹的古盐道，被称为巫盐古道，每天 100 多个盐背子来来往往，盐路上的石头被脚板磨得溜光发亮。

大宁盐厂至房县共 285 千米，有三条运盐线路。

第一条是：大宁盐厂—五溪河—偏瓦屋—黄金坪—夏布坪—范家坡—自生桥—下柱头—兰坪（或至高坪）—圆岭—板爬弯—邱家垭子—青和垭子—队伍垭子—曾篾匠坡—板壁岩—青草坪（或至后窖坪）—黄草坪—三等子—阴条岭—小九湖—水田坪—马鞍头—房县。此条线路在兰英村境内从范家坡开始到阴条岭，全长 65 千米。

第二条是：大宁盐厂—巫溪县城—两岔溪—榆子树—子槽沟—巴岩子河—范家坡，在范家坡与第一条线路合路，到黄草坪至房县。此条线路在兰英村境内从巴岩子河到阴条岭，全长 63 千米。

第三条是：大宁盐厂—大昌—白菓—起阳—官阳—五里坡—黄草坪，在黄草坪与第一、二条路线合路至房县，首程大宁盐厂至大昌坐船走水路。此条线路在兰英村境内从黄草坪到阴条岭，全长 15 千米。

第一、二条路都要翻越兰英大峡谷，在兰英村境内几乎都是上坡，行走艰难。三条路都在黄草坪合路，往来的人都要在黄草坪歇一晚，所以黄草坪成为过去进出川鄂的必经之路，有远近闻名的大客栈。在这三条线路上还有比较小的客店，称幺店子。幺店子接纳的人比较少，但一路都有，可以小憩，可以歇宿。兰英村有范家坡幺店子、下柱头幺店子、青草坪幺店子、阴条岭（兰英寨）幺店子等。

从大宁盐厂背盐出发，到黄草坪大客栈，三条线路都需要近三天时间，有两条路两天时间都在兰英村境内跋山涉水。一路风景大同小异，都要经过峡谷、高山，有较多合路处。

黄草坪客栈是一个非常有意思的客栈，用洋茅丝（细小竹子）盖的土墙房，有堂屋、火笼房、灶屋、卧室，每间都很大。灶屋不停地煮饭烧菜，背二哥们根据自己的情况，有的给钱买了吃，有的煮自己的干粮，只给“火号钱（搭火费）”。为了节约时间，许多人把粮食凑在一起煮，用升子或鸳盐箕（木制有两个提手的簸箕）盛出大概的数量，最后按份子盛饭。人多客栈煮不过来的时候也不要紧，住在几公里外的乡民会把自家蒸好的玉米粑、荞麦粑或煮好的其他饭菜拿来卖，基本上能供应上。为了解

黄草坪　　山木　摄

决人多睡觉的问题就用禅铺和磨盘床。禅铺是在地上铺设很大一块地方，垫厚厚的干草，上面加篾席，冬天再在席上铺一层布，很多人横七竖八地睡在上面，两人甚至三人盖一床铺盖。磨盘床为圆形，中间有一个木桩为磨心，睡觉的人都把脚伸向磨心，头朝外。这样占地面积少，睡的人却多，非常巧妙，传说是诸葛亮当年路过黄草坪时教人们做的。

堂屋的神龛上供着观音菩萨、财神、杨泗将军，人们可以随时烧香敬拜、许愿。有人在这里支凳，专门算命打卦，生意很不错。有房县客（房县盐背子）带来布匹、大米等百货在这里设摊交易。打川牌、下象棋、摇骰子赌博也在这里进行。

黄草坪海拔 1800 多米，气温低，火塘里柴火烧得很旺，白天黑夜烧着，盐背子们围着火塘闲聊是最惬意的，他们传递各种消息，包括国家大事。他们说笑话、唱民歌、讲故事，非常快活。此处有一个规矩，凡是有一个人讲了别致的故事，大家都感兴趣的话，老板就免火号钱和歇号钱。久而久之，许多精彩的黄草坪故事到处流传。

有条古盐道中途有分岔，有些盐背子不在黄草坪大客栈歇宿，而是从黄草坪背后走了，整条线路如下：大宁盐厂—五溪河—偏瓦屋—黄金坪—夏布坪—范家坡—自生桥—下柱头—兰坪—圆岭—板爬弯—邱家垭子—青和垭子—队伍垭子—曾篾匠坡—板壁岩—青草坪—何老三水井—宋家垭子—沈家弯—周家弯—双棚子—天坪—大塘—长槽—炮台—二等子—三等子—阴条岭—小九湖—水田坪—马鞍头—房县。该条线路在兰英村境内从范家坡到阴条岭，全长 61 千米。

巫盐古道　　江炳希　摄

当地把从事重体力活的人按艰苦程度排序，有所谓船老大、背二哥、煤三哥，从兰英村段走房县的全是背二哥，用的是脚背篓、打杵子、皮垫肩，平均每人每次背 50 千克出头的盐包，脚背篓里面放的是干粮，而盐包放在脚背篓的小口上面，以达到省力的效果。背力的时候，他们每人颈项上挂一条汗巾，左手拿着丁字形打杵，既做杵路棍，又方便站着歇肩歇脚，将齐臀部的打杵钉在地上，脚背篓的底部正好搁在打杵横担上，将重物托离开肩膀。危险路段坚持“七上八下平十一”的原则，即上坡走七步，下坡走八步，平路走十一步就打杵，但歇息时间很短。

巫盐古道上常有棒老二（土匪）拦路抢劫，盐背子深受其害。20 世纪 30 年代至 40 年代，兰英村匪患猖獗，有附近土棒老二，有溃军广棒老二，盐背子们万般无奈下，只好与当地村民拿起武器，利用有利地形，对棒老二进行反击，令土匪胆寒。反抗终于换来了长久的安定。

巫盐古道历史悠久，盐背子遗留在路上的物品，时有发现。1998 年，兰英村民在下柱头大杉坡修筑公路时，就在古道下面相继挖出了晋代的秤砣两个，宋朝的铜锣一面，清末的怀镜一块，交有关文物部门保存。

巫盐古道兰英村段曾响彻过令人震撼的生命强音，重走巫盐古道，从那些石板缝里能看到晶莹的汗滴，感受到劳动的伟大和丰富多彩的生活气息，不得不崇拜盐，崇拜祖祖辈辈的背盐客。现在古盐道作为旅游资源开发，一是可以体验徒步攀登山路，二是寻找盐背子的故事，三是领略沿途峡谷、草场、森林等风景，四是重温盐背子的生活。

白莲教遗迹 白莲教在兰英村的高山草场和峡谷岩洞里留下了许多遗迹。兰英村燕子洞、刘和尚洞、黄草坪石洞、白反寨等地方都驻扎过白莲教人士，至今留存明显的活动痕迹，但时代久远，遗物少见。黄草坪石洞里留下一张石桌，四四方方一块厚石面，平平展展，四个支脚用石头人工垫成。白莲教在黄草坪活动了若干年，他们开垦荒地，种植土豆和荞麦，到了冬天，还将吃不完的埋在土里保温，以免冻坏，白莲教称之为“大屋窖”，遗迹尚存。白反寨等寨子门口有人工堆砌的石墙，阴条岭附近的一些岩洞有灶台、捆束的干柴等。

清嘉庆元年（1796）三月十五，大宁县九龙池白莲教义军首领陈崇德突围到蚱蜢溪，依仗县内老木园险要地势镇守。清兵四面连营，围困陈崇德部营地，六月二十五，清军攻破轿顶山拦卡。川鄂义军闻讯，在王聪儿指挥下，分道入大宁县境内，一部分人从湖北进入兰英村，在阴条岭广大山区建立后方大营，组织人力运粮到高山，当地民众

白莲教大营遗址
王常林　摄

白反寨

王常林　摄

自发捐粮捐款，背运粮食，协同抗击清兵。最终王聪儿部分散了清军兵力，解除了老木园的围困。次年冬老木园又被围困，兰英村的白莲教义士前往营救。嘉庆三年（1798）二月，老木园陈崇德部久困缺粮，清军乘机从三道垭进攻，焚其外围木城，乘势杀戮义军数百。陈崇德率余部连夜奔逸，后战败自刎。与此同时，王聪儿带人退回兰英大营，凭险要地形抗击清兵，清兵无所作为，只好撤兵回成都。

追踪兰英村白莲教足迹，可以观赏峡谷、岩洞、高山草场、原始森林等自然风光，感受当年白莲教义士战斗、生活的气息；可以徒步进山寻踪，依靠野味充饥，在古人住过的岩洞里夜宿、野炊，进行生存体验；可以在白莲教义士坟前凭吊等。2016 年年底，公路硬化到了黄草坪，途经西安村有农家乐可以提供食宿和进山干粮；阴条岭自然保护区工作人员可以提供向导和安全防护器具，以及通信应急反应。

兰英寨遗址　兰英村境内阴条岭上的兰英寨，村民代代相传其为民间故事中唐朝薛刚反唐时，与夫人纪兰英占山为王、抵御官兵时建的寨子。兰英寨海拔约 2700 米，山势险峻，仅有崎岖“之”字小径可通。今仅存古寨遗址，山顶并排长有三株古杉，胸围均在三米左右，高十余米，树身长满苍苔和海丰藤（俗名树衣）；下面有一个一丈见方的岩洞口，向西南方向穿透，下面有淤泥，洞前和旁边依稀可见表面已风化、人工加工过的条石。立于寨顶四望，云海苍茫，渝鄂边境原始森林古朴雄浑的壮丽景色尽收眼底。兰英寨附近平均海拔约2500米，是莽莽的原始森林，尚存几人合抱的大树，树种繁多，号称重庆市最后一块未开垦的处女地。虽然千百年来有人类涉足，但仍保存完好。山林间有高山草场。兰英寨周边色彩斑斓，鸟语花香，云蒸霞蔚，风光旖旎，时有珍禽异兽出没。探访兰英寨可领略原始森林，寻觅薛刚、纪兰英夫妇的足迹和故事传说，路上可依托西安村农家乐食宿，可请向导，可以借助阴条岭自然保护区的安保器具。

兰英寨遗址　　王常林　摄

◉ 独特风光

兰英村东接神农架原始森林，南望巫山，西挨云台观，北边是广阔的阴条岭自然保护区（兰英村属保护区的南部），保护区内有大官山高山草场。兰英村三面环抱避暑山庄西安村，周边都是闻名遐迩的风景区，与兰英村构成了一个大的自然生态环境和旅游环境。

阴条岭自然保护区

阴条岭是国家级自然保护区，面积有300多平方千米，含双阳乡、通城镇、兰英乡13个村，其中核心景区12万多亩，包括大官山和白果两个林场，著名景点有大官山、阴条岭主峰、兰英寨、黄草坪等。

保护区内植物种类达2000多种，有多种具有代表性的生态系统，且含有大量珍稀濒危物种，如崖柏。此外还有银杏、珙桐、红豆杉等国家一级保护植物，是难得的“天然物种基因库”。“头顶一颗珠”“文王一支笔”“江边一碗水”等珍贵药材随处可见。有金雕、金钱豹、小熊猫、金丝猴等多种国家重点保护的珍禽异兽。苍茫林海，广阔草地，云蒸霞蔚，其间飞禽走兽，嘶鸣相和，人与自然，和谐相处。

保护区内文化底蕴深厚，有许多动人的故事。如唐朝薛刚反唐，与夫人纪兰英留下

阴条岭自然保护区

张鹰 摄

了兰英寨、洗马池等遗迹；湖广填四川、白莲教活动、英国植物学家威尔逊考察植物、贺龙入川，还有从巫溪大宁厂出发背盐的盐背子都在这儿留下了历史的痕迹。打虎坪、公母泉、万蛇山、丢命坨、舍命滩、阎王鼻子、鬼门关、黄草坪神秘客栈等景点，令人胆寒。而神奇的巫文化、高亢的山歌令人心驰神往。整个阴条岭自然保护区，被誉为“三峡第一园”。

阴条岭云海

阴条岭主峰 阴条岭主峰海拔2796.8米，是重庆市的最高点，被誉为“重庆第一峰”。主峰在高山台原地带上，缓慢而起，植被茂盛，属原始森林风貌。站在峰顶，一览群山拥聚，云蒸霞蔚，景色迷人。四季风光不同，山顶色彩有异。主峰是摄影、攀登、游玩的好地方。

黄草坪 兰英村的北端是著名的黄草坪，旧时名黄草山，与巫山接壤，是进出川鄂

胡全先 摄

黄草坪之秋

的巫盐古道枢纽，为阴条岭片区最富传奇色彩的地方，海拔1800多米，地势平坦，秋冬季节一种半人高的粗茎黄草伏地，像给大地铺了一层厚厚的棉被。草的茎叶枯干，却闪着光辉，整个草地像用画笔仔细涂了似的，没有掺和一点黄以外的颜色，放眼望去，宏大而壮观。黄色象征高贵和收获，而在黄草坪，收获的情绪表达得淋漓尽致。黄草坪上下住着巫溪县和巫山县几个村落的人，他们在秋天把庄稼收割完毕后，常常不约而同来到黄草坪庆祝丰收，并向来年乞求五谷丰登。他们采取的方式是在草坪上尽情地撒野，跑跳、摔跤、打滚，尤其是唱五句子山歌，穿鸳鸯号子，一人唱，百人和，气势恢宏，声音高亢而婉转，穿透力强，震撼人心。

春夏季节，新草长起来，绿油油的一片，同样可以在草坪上玩耍，这种草不怕践踏。黄草坪的夏天，气候宜人，风景秀丽，负氧离子充足，无蚊虫之扰，是一个避暑胜地。

大官山 大官山属阴条岭自然保护区的实验区，与兰英村隔岸相望。山里草木茂盛，是天然牧场，并有奇洞奇峰，老树藤缠，茸草铺地，山垭吞云吐雾。大官山春天山花烂漫，夏季绿树青萝，秋日红叶舞风，冬天银装素裹。景观有大山门、五鬼山、令牌石、燕子寨、神仙洞、山头池子、凌冰洞、响水沟和犀牛山等。由于交通闭塞，

苏长杰　摄

人迹罕至，动植物资源种类繁富，草场辽阔苍茫，以生长贝母、天麻等珍贵药材闻名。金鸡、野猪等动物成群结队，怡然自得，可谓“动物王国”。大官山是重庆市保护完好的原始地，是亲近自然、寻觅野趣、返璞归真的乐土，是生态旅游、避暑休闲、滑雪滑草、高山狩猎的绝好去处。大官山东南边际、通城镇境内紧挨兰英大峡谷的夏布坪开发了别墅式农家乐，食宿、购物方便。

链接：

官山草原[①]

在巴山之麓，神农之旁，有一个传说很久的地方，一个人世间难以找寻的桃源。那里有蓝蓝的天，那里有白白的云，那里有青青的草，那里有灿灿的花，那里有随风四处飞扬的歌声，那里有纵马任意驰骋的身影……

① 作者王超，原载《宁河报》2009 年 6 月 20 日。

大官山草原　　陈兵　摄

这一切一切，无不让人心驰神往。也让人们牢牢记住她的名字——大官山草原。

想象中的所有都是妙不可言的。而就在今天，穿过郁郁葱葱的森林，跨过清澈明亮的溪流，经过雄壮峻峭的山崖，我终于见到了我魂牵梦绕的草原！她就像一位藏在深闺未染铅华的少女。然而见过她的人，无不惊叹她的美丽！这里的天空如传说中渲染的一样，透明如洗。这里的田野像诗歌里描绘的一样，放眼四周都是一碧千里。我们一直浸渍在现代文明所建造的城市中，虽然到处是高楼大厦，到处是汽车摩托，但自然已走得越来越远。我们已难以看到野生的植物，已难以嗅到清新的空气，已难以望到透明的天空。而这里，风来时带着远古自然的呼唤，心中的梦被风吹得愈发鲜明。草原，我梦中的官山草原，这里是人类现代文明的一块处女地，喧嚣和污浊还没能浸染她，就如歌里唱的一样，"蓝蓝的天上白云飘，白云下面马儿跑"。蓝天、红日、白云，就是这里的天空！碧水、绿草、鲜花，就是这里的大地！让我们徜徉在如洗的蓝天下，看朵朵白云为我们舒展，看茫茫苍穹为我们弯成毡包，看无垠碧草为我们铺下地毯，看群群牛羊为我们绣上莲花。

亲爱的朋友，来官山草原吧。在纷繁的城市中生活的太久太久，每天都被各种各样的尘事所纠缠，我们的精力在一天天俗务的纷扰中几乎消磨殆尽，心也变得疲惫不堪。水泥森林冷酷得不近人情，灵魂的重负无处释放，于是心绪变得飘忽，阴晴不定，就连一直看得比生命都重要的感情也会渐染上了世俗的风霜。我想这里的草原能够实现我们的梦想，释放我们的忧伤。在那没有任何遮蔽的旷远的天际下，在那"天似穹庐，笼盖四野，天苍苍，野茫茫"的辽阔中，我们的心胸应该能够变得开阔，往日所有的得失都会随风飘散。那纯净的空气，那纯净的蓝天，那纯净的绿地……那纯净的一切，一定会涤荡掉心灵的尘埃，让我们的灵魂脱去一切束缚，在那纯净的空中自由飞翔。

亲爱的朋友，来官山草原吧，草原那敞开的没有任何设防的心，会让我们不再怀疑，心的大门会为她打开，让她那纯净的风吹进心灵，让灵魂不再孤寂。让我们全身心地拥抱草原，接纳草原，将我们的灵魂与草原的灵魂融为一体。让我们去赏草原的美景，去捕捉草原的爱心，把我们的心灵在草原敞开。让我们的爱情在草原鲜活，让我们的灵魂在草原丰盈，让我们的梦想在草原落地！

兰英大峡谷

兰英大峡谷 兰英大峡谷位于重庆市巫溪县和巫山县，是大巴山脉和秦岭山系的自然分界线，西岸为大巴山南麓，东岸则属秦岭山系。两岸气候和植被因此略有区别，即使同一种类的植物，外观颜色也有深有浅，可谓“十里不同天，隔河有变化”。峡谷上至国家级自然保护区阴条岭的兰英寨，下至巫山县大昌镇的杨溪河，全长 48 千米，范围包括巫溪县双阳乡、通城镇、兰英乡和巫山县大昌镇，距离巫溪县城 20 千米。巴岩子河贯穿在大峡谷之中，流水潺潺，是大宁河的主要支流之一。谷底最窄处仅 13 米，可以用一块长条石作桥，架通两岸。峡谷平均深度 1500 余米，最深处达 2400 余米，有“重庆第一深谷”之美誉。谷内地貌奇特，以瀑高、峰险、山奇、石怪、水清、洞幽、禽珍、兽异构成了一条世界上罕见的山水画廊，嶂谷、隘谷呈串珠状分布，因崩塌作用所形成的巨壑险峰蔚为壮观。两岸悬崖峭壁各成形象，有的似犀牛望月，有的像大象洗澡，有的像观音坐莲，有的像唐僧念经，有的如仙女起舞，更有绝壁如斧头削过，像剪刀，似板壁，层峦叠嶂，云雾缭绕，景色

凌舸智　摄

雄奇壮丽，令人感叹大自然的鬼斧神工。谷内古木参天，飞泉流瀑，春夏两季百花飘香，原始森林郁郁葱葱；秋天红叶漫山，层林尽染；冬季谷内高峰冰雪覆盖，景色如画。峡谷内随时可以看到珍贵的动植物，如珙桐、冷杉、红豆杉、天麻、党参、黑熊、白熊、娃娃鱼等。兰英大峡谷被誉为三峡地区极具视觉冲击力的大峡谷景观。

兰英村西部峡谷古盐道旁的半山腰上，有一个岩洞，高约 10 米，宽约 5 米，进深 2 米。在对岸看，像一支竖起来的狮子耳朵。岩洞能遮风避雨，过往人员可歇凉、过夜，传说在此地过夜，不怕鬼怪，不怕野兽，睡得很香。

兰英大峡谷的下柱头到周家坪之间有一面岩石，面向东方有一个岩洞，选准角度看，像一只老虎张开的嘴巴。站在巴岩子河下或对岸向上看，又像一只猛虎下山，虎的头、鼻、眼、脸、肩胛、前爪都很形象。

兰英村位于兰英大峡谷的东岸，占峡谷面积 15.9 平方千米。西红公路贯通兰英大峡谷，峡谷内设有观景台、农家乐、小卖部、停车场等。

雾漫兰英　　刘词平　摄

冬日兰英　　苏长杰　摄

秋山　　李心明　摄

通向壁顶之路　　代纯明　摄

西安村　　代纯明　摄

西安避暑山庄　兰英乡的西安村被兰英村紧紧环抱着，东、西、北方都与兰英村接壤，只有南方与巫山相连。西安村又名后窖坪，顾名思义是平地，但南北两岸是东西走向的高大土山，植被茂盛，而两山麓下形成槽形平地，长约6千米，平均宽度0.5千米，有良田4800多亩，林地面积33.52平方千米，平均海拔1500多米。西安村与兰英村通气连体，民风民俗相同，历史上与兰英村有关的大事多与西安村有关。

西安村是个船形地，站在两头看十分像一艘行驶在海上的大船，有五句子赞曰："后窖船儿两头翘，郎有风流姐有貌。风流推得船飞跑，姐儿撑篙身材高。后窖男女都妖娆。"意思是西安村人人高大俊美。这

望断巫山云　　苏长杰　摄

与西安村的气候、空气、水、绿色食品等有关系。一言以蔽之，村里有俊男美女，还有青山绿水、蓝天白云、古道鲜花、天然氧吧和山珍美味。西安村夏天凉爽，是典型的避暑山庄。随着公路畅通、网络畅通，西安村农家乐悄然兴起，整体打造避暑胜地，做到吃、住、购、游一体化。西安村可以作为游览兰英村山水的中转站和物资供应站。

巫山　兰英村南边与巫山接壤，一条绿波荡漾的大宁河流入浩浩汤汤的长江，著名的长江大三峡、宁河小三峡、巫山神女峰等景点吸引着中外游客。历代文人墨客对巫山和神女峰都有描述，巫山山水雄奇，人文景观丰富。兰英大峡谷雨后涌起的云雾慢慢升高，缓缓流入巫山上空，千变万化，形成著名的巫山云。从巫山大昌古镇出发经官阳或当阳，可直接进入兰英村。巫山旅游设施齐全。

云台寺　万峰悬鸟道，一径入云台。与兰英村隔岸相望的云台寺高高耸立在大宁河边，自成一道风景。因周围山石环绕，悬于半空，一峰突起，从远处看，不同角度形象不一样。云台山是一个风水宝地，地形与著名的武当山十分相似，人称小武当。

仰看云台　　方坤　摄

过去的云台寺叫云台观，是道家圣地，朝拜的人很多。从云台后山的道士墓碑上纹的龙、凤、麒麟等图案，可以看出当初云台观的道教派别属龙门派。云台观始建于隋开皇二年（582）。经过多年的建设，云台山上庙宇金碧辉煌，殿多而壮观，标志性建筑便是云台上的观宇了。特别是有座殿宇半截悬在空中，下有千米之高，令人震慑。云台观内晨钟暮鼓，整个巫溪县城都能听得清清楚楚。可惜云台观的老建筑在二十世纪六七十年代毁于一旦，主持的道士纵身跳下悬崖身亡。

2003 年全国佛教协会一位副理事长来到此地，与巫溪县政府达成协议，建云台寺，由道家圣地改为佛教圣地，并从荆州请来观音菩萨的塑像，恢复了香火。

2007 年到云台寺的土公路修通，2009 年修建了到寺的“万步云梯”，2012 年到云台寺的公路硬化畅通。2016 年九层高的新佛塔落成。

悬空殿宇（一） 吴健 摄

悬空殿宇（二） 吴健 摄

每逢过年过节、观音庙会等，云台寺人头攒动，十分热闹，观光的、烧香的、许愿的，不同的人怀着不同的希望而来，又怀着不同的希望而去。

巴岩子河 巴岩子河为兰英村低山段与其他村乡的分界线，河流总长度 15 千米，河网密度 23 千米 / 平方千米，起源于兰英村境内的冷水沟，注入大宁河。巴岩子河因河道内巨石累积，水流绕石而过得名。两岸溪流、瀑布注入河中，颇为壮观。瀑布声势浩大，从绝壁坠落，雷霆万钧。巴岩子河水清澈见底，随季节降雨量多少而涨落，可以直接饮用，水能可用来发电。巴岩子河沿线皆风景，山水共馨。

巴岩子河的源头冷水沟，一股清泉流出，在平缓的河道处形成一沟幽深的绿水，长约 200 米，宽约 6 米，四周峡壁高耸，植被丰富，遮天蔽日，再大的太阳也晒不热河水，故名冷水沟。山以水而灵动，水以山而柔静，是休闲、避暑、观景的好去处。

巴岩子河水　　县摄协　提供

落水成珠　　刘词平　摄

兰英村下段的巴岩子河边，双通电站对岸向西约 100 米处，一面板壁岩拔地而起，刀削斧劈似的，岩面光滑，棱角分明，像人工铸成的墙壁一样，厚度不足 100 米，高耸云天，直上 1300 多米。板壁上点缀了一些绿色植物。板壁岩峰顶厚度不减，可修人行道，可设观景台。板壁岩的现场观感是惊叹、神奇、伟岸。

到巴岩子河可从西红路下到峡谷，然后徒步沿河上下，河坝适合野炊、野营。

挂壁公路　从兰英村的老虎嘴穿岩洞，然后在绝壁上开凿一条公路到周家坪，形成一条公路“挂”在高高的陡峭绝壁上的景象，其海拔落差 900 多米，远观似云中飘带，近看公路嵌入巉岩，仅凿出高两米多、宽两米多，刚好通过一辆车的空间。站在公路上观景，兰英大峡谷尽收眼底，俯瞰河流俨如绿带，细细延伸。

◉ 旅游项目

俯瞰峡谷 俯瞰峡谷景色壮观。从兰英大峡谷的山门开始设置观景台，第一个观景台下置玻璃地板，人在上面悬空千米不坠，感觉新鲜，但恐高的人不敢涉足。一路有四个观景台。站在峡谷的高处看对岸，险峻奇特，阴晴有别，四季不同。2013 年 11 月，始用直升机看峡谷，赏红叶，人们争相登机，一饱眼福。俯瞰峡谷可以选择不同的角度和观察点来感受自然的鬼斧神工。

峡谷观景台　　韩长久 摄

悬崖观景台　　敖伟 摄

漫山红叶

赏红叶 兰英大峡谷的秋冬季节是红叶的主宰，满满的峡谷装的是山火、是朝霞、是朱砂、是血染的透过生命的红。兰英大峡谷的红叶，令人流连忘返。兰英红叶比其他

一枝独秀 余恒平 摄

山木　摄

云里雾里赏红叶　　胡全先　摄

地方的红叶更鲜艳、更喜庆，更引人遐想。一到季节，红叶爱好者纷至沓来，以求一饱眼福。2009 年开始，巫溪县通过开展红叶观赏节，利用红叶摄影、写生、征文等活动吸引了八方来客。

徒步游野谷高山　徒步游野谷高山，重走前人走过的路，如重走巫盐古道、重走红三军走过的路、重走英国植物学家威尔逊考察之路等，登山、野营探险、问鼎兰英寨，边走边看，一路观赏峡谷、险峰、水流、高山草场、原始森林，探访薛刚反唐传说遗迹、白莲教遗迹等。该条徒步过境路，可从巫溪县通城镇过兰英村下柱头、兰坪、高坪、西安村、黄草坪到神农架九湖。

生存体验　兰英村自然环境险峻、复杂、原始，吸引了大批生存体验爱好者，他们自带工具、粮食和睡袋等，夜宿山洞，感受古人的生存环境，体味别样的人生经历。此外还有特殊人员山地荒野生存训练，兰英村为他们提供了合适的自然条件，将一人或两人放到无人处，只身求生存，自己钻木取火，寻找食物与水，对付野兽，完成三五天的生存训练。兰英村生存体验项目开发与阴条岭自然保护区保持紧密配合，不断完善应急救援机制，保障人员生命安全。

峡谷秋色

董晏　摄

白雪红叶　　汤平　摄

杀年猪　　　　佘平　摄

民俗参与　在兰英村，游客可参与村民过年过节活动。如兰英人为过年做准备，都要杀年猪，杀猪要请乡邻吃杀猪饭，办得很丰盛，必有蒸肉、炖肉、炒肉和猪血酸菜，其他菜不论。2012年后人们兴起到兰英村农家买上一头活猪，在农家杀猪办杀猪饭，请亲朋好友相聚，颇有情趣。其他节日开展祭祀、聚餐、游戏活动，如中秋月下摸秋、跳月等。可参与唱民间小调、五句子山歌、穿号子以及耍锣鼓、敲梆、跳巫舞、迎风接路等。

农家乐　兰英村农家乐随交通发展逐渐兴起，为游客们提供优惠和优质服务，一是用原产绿色食品，做成兰英村特色佳肴；二是提供干净舒适的住所，包括卫生间设施，方便洗漱；三是做到娱乐休息设施齐全和安全。兰英村农家乐打造的高山地区整体避暑山庄和森林氧吧，游客前往长住避暑，可以连续住两三个月。

峡谷岔沟 代纯明 摄

风土民情

兰英村民认为婚姻是孕育生命的开始，丧葬是生命的终结，所以仪式异常隆重。婚俗保留有媒妁、订婚、哭嫁、迎亲、拜堂、回门等20多个环节，丧俗传承有坐夜、唱孝歌、打转丧鼓、入殓、送葬等众多环节，而今，这些作为巫溪县非物质文化遗产得到了保护。

兰英村人生活中注重礼节，尤其尊重长辈。“传话”“跳月”“打麻雀”等孩童游戏简单有趣，童谣生动易诵。兰英村人在长期封闭的环境中形成了许多方言土语，创造了“倒挖田”“烷火粪”“背力”等独特劳作方式。

◉ 生活习俗

婚俗

旧时，兰英村人的婚姻有指腹为婚、娃娃亲、童养媳、抢亲、媒人提亲等习俗。新中国成立后，政府在兰英村开展移风易俗活动，废除了不良婚俗。而媒妁之亲至今未变，婚礼隆重而讲究，比较完整地保留了传统婚俗文化。随着时代的发展，自由恋爱兴起，部分年轻人开始崇尚简约。

媒妁 在兰英村，媒人一定得是男人，女人一般不当媒人，即使是女人私下做了牵线的人，正式出面也要女人的丈夫或父亲兄弟。男方请媒人到女方家提亲，女方经过一段时间的考察，然后通过媒人表态，如果不愿意就当什么事也没有发生，如果愿意则进入下一步：合八字，看人户。合八字时若八个字合了三个字及以上，谓之八字合，便可以看人户了。于是便约好日子，在媒人的带领下，女孩和她的母亲或者姑嫂到男方家中做客。女方回家时男方打发（特别赠送）女孩首饰和钱币，女方接受了礼物，便意味着男女双方都认可了这门亲事。接着男方回访女方家，男孩备好礼物，在媒人的带领下，到女方家认亲，与女方族人、至亲相认，送礼物，使女方家族都知道与男方已开了亲（有了婚约）。

订婚 订婚仪式是对外公开男女双方的婚约，对双方都有约束性，意在请大家监督，不能随便反悔，因此订婚环节很重要，需隆重办理。订婚是男女双方结婚之前必须走的一个程序，不然即便成了家也会被认为名不正言不顺，遭人耻笑。订婚主要是男方到女方家拿女孩的生辰八字，女方称之为发红庚。双方决定订婚后，由男方出面择一个良辰吉日，并告之女方。男方要备齐聘礼，聘礼有主礼和小礼之分，主礼是给女方父母的，小礼则是给女方最亲的直系亲属的。另外还得给女方缝制或购买八套新衣裳。

吉日一到，男女双方接内亲外戚、左邻右舍到家做客，请总管主事，准备酒席，吹吹打打，热热闹闹。媒人此时称红爷，要找两位。红爷带着男孩、两位吹唢呐的乐师、成双不成单的打盘子、挑腊肉的年轻人，一起前往女方家，随行带去礼物。女方家也请三亲六戚做客，并请总管，办酒席。坐完席，女方开始发红庚，填上定亲女子的生辰八字，装入大红帖套之中，让红爷一行人带回男方家。订婚仪式结束，第二天男方要接女方一家老小，以及族人、亲戚到家做客，叫六亲集会。从此，结婚之前男方每年腊月底要到女方家辞旧拜年，需拿腊肉、米面等礼物。

请期 订了婚的男女青年到了结婚年龄，男方首先要备礼到媒人家去谢媒，并请媒人到女方家“打商量（主动协商）”，准备结婚之事。女方家同意以后，男方即选择结婚吉日。

婚期确定以后，用大红纸写成“报吉柬帖”，男方要置办礼品同时送到女方家，叫请期。按传统习俗男方至少应提前一个月告诉女方，而且还要以书面形式向女方告知，即书写期单，旨在让女方对婚事提前有所准备：如嫁妆的购置，酒席的计划，送亲人选的择定等等。

书写期单的格式和内容都非常讲究，有特别的规定。

迎亲 兰英村人办婚事，首先要请总管，由总管来总理婚礼及后勤保障工作。总管不但要具备很强的指挥能力和协调能力，还要有很好的口才和应变能力，能够即兴说出各种吉令词（带喜庆色彩的语言）。

办婚事的总管分为“坐堂总管”和“路总管”。坐堂总管是整个婚事的总指挥，路总管只负责迎亲队伍的协调和管理。

总管上任的第一件事是“启厨”，即请厨师就位研究菜谱，对炊事后勤工作进行明确分工。接着请乐队，乐队由两名唢呐手、两名鸣雷手（放三眼炮的人）、四名锣鼓手组成。

抬轿　　苏长杰　摄

婚礼前第一天叫宵夜席，远来近到的亲戚，南来北往的贵宾，纷纷前往恭贺主人家，吃喜宴。男方安排介绍人、迎亲娘（又叫娶亲娘）、押礼先生、挑聘礼的礼夫、抬嫁妆的抬夫、乐队、轿夫一行人，由路总管带领前往女方家迎亲。

赞花　赞花活动是新娘的长辈亲戚到男方家给新郎送礼，赞美新郎，说吉利话。赞花人称赞花客，赞花仪式隆重，赞花客首先给新郎搭红（将红绸缎系在新郎腰背上），接着把礼物一样一样地交给总管，每交一样都要说赞美词。赞花客还要敬新郎和新郎父亲酒，他们接酒不喝，而是洒在地上表示敬天地。最后总管要给赞花客敬酒，说敬酒词。赞花客说感谢词，接酒在手，也洒在地上。一位赞花客结束，另一位接着赞。赞花的人数一般有三五人。

告祖　赞花完毕，接着是告祖，告祖是告诉男方的列祖列宗，他家要添人口。告祖开始，唱读《告祖敬文》，告祖敬文是村中老一辈人传下来的，都是难懂的古文。新郎要三跪九叩。

辞祖　女方在婚礼前一天的晚上要安排辞祖，是告诉女方的列祖列宗，他家有女子要出嫁，要唱读《辞祖文》。

哭嫁　在迎亲队伍到女方家后，由女孩的母亲（无母亲则由婶娘代替）带领女孩开始放声大哭。女孩的姐妹也跟着哭。对于出嫁的女孩来说，如果不会哭，则会被人认为没有出息。

“哭嫁”的内容分为哭亲人和哭仪式。哭亲人包括“哭父母”“哭哥嫂”“哭亲友”，哭仪式包括“哭席宴”“哭梳头”“哭穿衣”“哭上轿”，自然也有信口哭诉的。如：

橙子好吃要剥皮，姊妹好耍要分离。

柑子好吃要分瓣，姊妹好耍要分散。

树子难得离开影，月光难得离开星。
鱼儿难得离开水，姑娘难离姐妹们。
今晚陪伴姐和妹，明早花轿抬过堂。
姊妹好久再相会，天高路远日子长。

“哭嫁”表达了对父母养育之恩的感谢，与兄弟姐妹的离别之情，有的上轿后，抬出几里路还哭泣不止。但有个规定，下轿须拭干眼泪，决不许把眼泪带到婆家。

开脸 送亲娘子的职责之一是给新嫁娘开脸、梳妆。开脸，是一种美容方式，用两根细丝线绞去新娘脸上的汗毛。开脸时说“开脸吉令词”。

陪嫁 女孩出阁之日，称为正席，坐席之后，收拾好行李嫁妆，等时间一到就发亲（新娘从父母家出发时举行的仪式）。

女子出嫁的嫁妆，根据娘家的经济实力而定。过去，一般人家的嫁妆都在 7 ~ 12 抬之间，大户人家也有 24 抬陪嫁的。所谓“抬”，就是两个人抬一件或多件物品，如一口大衣箱加一床被子即称为“一抬”；一口大衣柜也为一抬。经济实力强的家庭嫁女儿，除了陪嫁家具、被褥之外，还会陪嫁若干金钱，旧社会还有陪嫁田地的。随着时代的发展，陪嫁越来越高档。

发亲 女方发亲时间到了，总管和路总管各发表演说，要求大家一路小心，注意人身安全，注意保护行李嫁妆。

迎亲娘子或路总管要致“娶亲词”和“新娘上轿词”。由新娘兄弟背新娘出门，新娘扶鸾上轿。路总管宣布起轿。媒人此时称“月老”，走在娶亲队伍的前面。

送亲 女子出嫁要有送亲的人，称为“上亲”。兰英村女子出嫁一般都是选择三至四辈人送亲。一是祖辈：祖父母、姑祖父母等。二是父辈：伯（叔）父母、姑父母、舅父母、姨父母等。三是平辈：哥嫂、弟弟等。四是晚辈：侄儿。兰英人有“姐送妹，穷三辈”的说法，因此，姐妹是绝对不能送亲的。

送亲客在送亲路上，要按照辈分大小走在新娘后面，到了男方家，新郎家的总管要安排有一定知名度的人到门前迎接上亲，对上亲给予最高的礼遇。上亲在男方家住宿一晚，次日回家。

拜堂 迎亲队伍回到男方家，男方总管吩咐先迎陪嫁进屋。

接着新郎从屋内拿一条板凳放在地坝（屋前修整的平地）边，让新娘坐在上面换一双鞋子，叫踏堂鞋，此后该双鞋子不能穿到娘家去。新郎与新娘挽手进门，二位圆亲娘子左右接住站立中堂，总管高声说道："结婚典礼的良辰吉日已到，请二位新人拜堂——双双入洞房。"送新人入洞房时，总管要致"入洞房吉令词"。

交杯 旧时，新娘上轿时，迎亲娘子要在新娘头上搭一块正方形的绣花红绸缎，名曰"盖头"。拜完堂，进入洞房后，由新郎揭开新娘的盖头喝交杯酒，新娘才可以开口说话。喝交杯酒时，由总管或圆亲娘子执壶致交杯词。

迎风接路 新郎新娘入洞房后，堂前还有路总管、月老、上亲，他们娶亲一路上也辛苦了，总管要一一敬他们的酒。但他们都不喝，要求等坐席的时候再喝。最后总管还要说一番感谢所有娶亲人的话。

铺床 新娘入洞房时，新人房设有专职的牵铺娘子，牵铺娘子一边铺床，一边唱铺床歌。挂蚊帐、放枕头时都各有赞词。

坐席 新人进入洞房，总管立即安排开席，大宴宾客。坐席也有讲究，第一轮由帮忙的人坐席；第二轮照顾远客；第三轮给上亲客留席位，要由媒人和一些有知名度的人陪客，坐席时，要按上亲的辈分安排。三轮席以后，是坐抢席，凡是没吃饭的人都可以抢着坐席吃饭。每坐一轮席，总管都要根据坐席客人的构成情况，说不同内容的吉令词。

闹房 正席（结婚拜堂的那一天）晚上，有人会闹房，一般是新郎的族房亲戚、同窗好友，要求和新人欢聚一堂，庆祝他们百年好合。上亲同意闹房后，总管吩咐在新人房布置一张礼桌，说："准备闹房的人不论多少，都一同前去，可推一名代表走在前头，为大家致闹房词。"闹房是要吃新娘的糖、烟、茶，但必须说出想要吃的东西的来历，否则看得到吃不到。说对了新娘双手奉上，说不对不给。总之闹房大家嘻嘻哈哈，十分高兴。

卸红 正席第二天是上亲席。卸红，是上亲即将离开新郎家时的一道手脚（一个环节）。卸红时边说卸红吉令词边燃放鞭炮。

回门 新婚夫妇第一次去新娘父母家，称之为回门。回门时间根据翁婿两家的距离远近而定。兰英村人的传统习俗是，两家离得近的就由上亲把新郎新娘当天带回娘家，但要当天回来；两家离得远的，则是"三天回门当天转，十天回门宿一晚，一个月回门任意玩"。回门的新婚夫妇要给娘家带"回门礼"。

丧葬 兰英村人向来重视生命，把死和生看得同样重要。人死入葬，仪礼庄重。

老人临终，子女齐聚身边与之诀别，称"送终"。人一咽气，孝家就放一挂鞭炮，旁人听了之后便知道是某家死了人，齐去帮忙办丧事。先将亡者停尸榻上，面盖黄纸或绸缎，榻下点灯，称“小殓”。盛殓举尸（把尸体放入棺材）之前，给亡者洁身更衣，穿寿衣寿鞋，寿衣要求单数，如七件、九件不等，还要给亡者系盘脚绳和腰带，一般按照亡者的年龄，一岁取一根棉线组缠成细绳。

死后 2 ~ 4 小时即入殓于棺，盖棺叫柩（装了尸体掩盖严实的棺材被称为柩）。接着设置灵堂，以庄严肃穆为原则。

亡了人都得坐夜，打丧鼓、唱孝歌。一到晚上坐夜，左右邻居、远近亲朋都来吊丧，主人家请了总管，全权主持丧事。打丧鼓和唱孝歌同时进行，打一阵锣鼓唱一阵孝歌。孝歌是一种独特的有浓厚地方色彩的群众文化，在兰英村哪家办丧事，哪里便汇集了当地的“孝歌”歌唱者，他们放开歌喉，用高亢激昂的歌声缅怀亡人，安慰生者，劝善他人。

兰英村丧葬最有特色的是打“转丧鼓”，是相对于坐着唱歌、打丧鼓而言的，即孝子、亲朋、歌师、锣鼓匠都站起来排成单线围着亡者灵柩转动，不停地循环转动，一部分人休息，另一部分人又填补起来转，从晚上一直转到大天亮。如此，更显得对亡者的尊重。

一般坐夜要坐两三个晚上，有人陆续送来花圈。在最后一天晚上，未等天亮就要闭殓，所有的亲人都要去看最后一眼，盖好棺材，用篾条捆好，时间一到，就要出堂。天亮后开席，席毕将亡者送上山冈。用四根木棒抬棺，绑横担，所以可以许多人抬棺，陡峭处用绳子拉。 逝者长子或直系亲属捧灵牌在前，后面跟抬棺队，再跟花圈队，接着是锣鼓队，最后是送葬大队。入葬后围土石砌成坟，有条件人家立碑。

送祝米 在巫溪县只有兰英村有送祝米的习俗。兰英村某家生了小孩，在坐月子期间，亲朋好友都要去送祝米，满月了就不送了。送祝米一般是用米等粮食作为主要礼物送给新生小孩家，祝小孩一生衣食无忧，同时给产妇增加营养。送祝米不看日期，陆陆续续去，一般是女的去。但产妇娘家人就不一样了，所有亲戚约在一起，男男女女，老老少少一起去，男的挑担，女的提筐携袋，热热闹闹，一路过去。送祝米的礼物，多为大米（娘家多为糯米）、面条、鸡、猪蹄、鸡蛋、黄豆、衣物、布料之类，一般不直接送钱。主人家对于前来祝贺的亲友，首先煮一碗“醪糟鸡蛋”款待，每碗四个，含有“四季发财”之意。然后再办正席招待。

征上梁酒 征酒的意思是遇到值得庆祝或纪念的大事，以酒席待客，征收礼物，有相互帮助之意，礼物为人情账，礼尚往来。兰英村人建造新房，选好上梁的黄道吉日，亲朋好友前去喝酒，赠送礼物。到者大多是男劳动力，主要目的是帮主人家上梁盖房，这一天房屋外框架要基本完工。上梁时要说吉令词，放鞭炮。盖砖混结构房就选浇铸最高一层楼板时征酒，代表“上梁酒”。所送礼物不限，多直接送钱，因为主人建房正需要钱，另外与主人家特别亲近的人要自做一筛子豆腐相送。

◉ 岁时节俗

兰英村人遵从农历的一年二十四节气，用于指导农耕生产。

正月立春、雨水：春天到，雨水充沛，抓紧备耕。

二月惊蛰、春分：惊蛰气温上升较快，蜇日晴，虫害早；春分节到，播种瓜豆和玉米，育红薯秧苗。

三月清明、谷雨：清明时节雨纷纷，俗称“清明明，谷雨淋”。

四月立夏、小满：播种大忙季节到来，渴望雨量充足，“立夏不下，犁头高挂；小满不满，干断田坎”。

五月芒种、夏至：此时正是抢种季节，俗语曰“芒种忙忙种，迟种无收成”；夏至日照始短，气温逐渐上升。

六月小暑、大暑：“小暑、大暑，谷穗乱出”，赶快准备收割。

七月立秋、处暑：“立秋一日，水冷三分”，立秋日晴好收成。

八月白露、秋风：庄稼“白露不低头，割去喂老牛”①；秋风起，北雁南飞，“谷物误季不饱米”②。

九月寒露、霜降：谷物进仓，豌豆、麦子、胡豆（蚕豆）种上坡。

十月立冬、小雪：“立冬日晴无烂路，小雪下雪兆丰年”。

冬月大雪、冬至：“大雪严寒，备好畜栏”；冬至日照始长，气温回暖。

腊月小寒、大寒：农闲季节，一切随意，“小寒大寒，扫墓祭魂，百无禁忌，神仙不管”。

---

① 本句意思是白露时庄稼的茎叶还没被风霜侵害，要赶快割去喂牛。

② 本句意思是秋风来了，大雁南飞，谷物如果此时还没有成熟，说明已经耽误了季节，成熟不了了，就不用再做施肥等无用功了。

兰英人通过长期观察总结，还形成了农谚，如下：

一九二九，怀中插手；三九四九，冻死猪狗；五九六九，沿河看柳；七九河开，八九雁来，九九八十一，黄狗睡荫地。

正月雷打雪，二月雨不歇，三月无秧水，四月秧长节。

头九一窖雪，九九像六月。

六月打连阴，遍地出黄金。

六月初一打一溜，溜溜滚滚到立秋。

兰英村人一年一度随着时令推移，有很多节日庆祝活动，以及在生产生活中遵守的“大利”和“忌讳”，传统民俗特点明显。从过小年到团年（一家团圆吃年夜饭）守岁，要说些来年发财的吉利话。正月初一、初二、初三，这三天都是过春节，非常隆重，鞭炮放个不停，还要给已故老辈子（长辈）烧纸、点灯、放鞭炮。正月十五元宵节，家家灯火辉煌，放鞭炮、接客、赶毛狗儿（狐狸）等。二月十五是花朝，可以结婚不看期。三月清明，到死去的先辈坟上上坟、扫墓，挂清明吊子，烧纸。五月端阳要接已出嫁的姑娘回娘家吃饺子、插艾、喝洒雄黄酒。七月半，家家都要备好祭礼，烧纸钱。八月十五中秋节，是团圆庆丰收的日子，要开展各种娱乐活动。九月重阳，登高望远，敬老，给老人做一件好事。

忌戊 兰英村全年都要忌戊，遇到戊日子（比如戊寅），大可休息一天。从立春起哪天逢戊，那天就是头戊，之后每十天逢一个戊日。戊日不动土，不挑水倒水，不砍柴。人们形成了戊日休息的习惯，以解除疲劳，放松身心。大家聚在一起开展文化娱乐活动，丰富精神生活。随着时代的发展，而今村中一些年轻人不再严格忌戊，农忙季节戊日也下田干活，但老一辈人要求年轻人每年头五个戊必须忌，不忌就会受到谴责。

春节

过年的准备 每年进入农历腊月，兰英村人就忙着做过年的准备工作，分思想上的准备和物质上的准备。

思想上的准备，主要是进入过年的状态。“麻雀也有三十夜”，旅居在外的游子，出门务工的男男女女，都忙着往家里赶；留守在家的人则掐着指头计算日子，翘首盼望出门在外的亲人回家过年。一进腊月，一些上了年纪的人就要求大人和小孩“忌嘴”。所谓的“忌嘴”，就是忌讳说一些不吉利的话，如“死”“背时鬼”等字眼。老一辈人最讲究“正月头”“腊月尾”，即每年的正月和腊月特别忌讳说晦气话，如腊月和正月死

写春联　　佘平　摄

了人，要把“死”字换成“老”字或“走”字，把某某人“死”了，说成“老”了或“走”了。平时有些人开口闭口喜欢喊别人“背时鬼”，在过年期间是要绝对忌讳的，必须说成“行时的（走好运）”或“发财的”。连一些日常用品，在过年期间也要改名，如“筷子”要喊成“发世子”或“响水桥”……总之，过年时要尽量说些恭喜发财、吉祥如意的话。

物质上的准备，一是置办新衣服，一家大小从头到脚都要换新；二是筹备过年用的食品，肉食、糕点果品等都要准备齐全。

农历腊月二十三是小年，这一天，家家户户都要磨豆腐，主妇把新打的豆腐端上灶台，摆上各种糖果糕点，点燃香烛，燃放烟花爆竹，祈求来年五谷丰登，六畜兴旺，灶上锅中常煮美味。

杀年猪、杀鸡、杀鸭，有“杀七不杀八”“杀五不杀六”的规矩。杀年猪一定要避开“六”和“八”两个日子。

打阳尘（除掉屋顶上的灰尘）、除阴沟（除掉屋后沟里的垃圾），是春节前必做的一件事，楼上楼下、屋里屋外都要打扫干净，然后将灰尘淤泥堆起来，是上等的有机肥料。

贴对联、贴福字、贴门神，也是很庄重的事。大年一到，家家户户都要在大门、耳门（侧门）的门框上贴对联，在耳门门扇上倒贴福字，取“福到”之意，在大门门扇上贴门神（即秦琼、尉迟恭的画像）以示驱邪除魔保平安。装粮食的容器，如木仓、篾囤等物上也要贴五谷丰登等红纸条幅。

团年和守岁 除夕日，过年的气氛明显浓烈起来，家家户户忙着置办年饭（年夜饭）。上午妇女做年饭，把家中最好的东西煮上，煮肉要煮猪头、圆尾（猪臀部肉）和猪腿，表示有头有尾、完完整整。还要煮鸡、煮鱼，表示吉星高照、年年有余。肉煮熟后，一些老人还要把整猪头、整圆尾盛进一个大盆中，点燃香烛，插上筷子，祈祷来年风调雨顺、五谷丰登。男人打扫卫生，弄柴烧火塘。

下午一点后开始团年，要燃放烟花爆竹，放三眼炮，祭祀祖先。吃年饭时，要求细嚼慢咽，忌讳狼吞虎咽。吃年饭的过程中，不允许边吃饭边喝汤，汤和饭不能撒，更不能打碎东西。人吃完年饭，还要给果树、狗喂年饭。给果树喂年饭，就是用斧子把果树根部砍开几厘米深的口子，将饭放入口子里，祈祷来年多结果子。给狗喂年饭时，要把饭、肉、豆腐等分别摆在狗食盆里让狗吃。团年以后妇女们还要剪一些纸人纸马，用绳子穿成串，挂在火炉上面，待到元宵节用。

吃过年饭后邻近的村民在一起开展娱乐活动，打牌、下棋、讲古（讲故事）等，兰英村最有特色的就是大家围着火塘听老人讲古和听唱书（用诗句唱故事）。从团年后鞭炮就响个不停，晚上还要去给已故先人烧纸、点灯、放鞭炮，点灯要点到初三晚上。

除夕夜，一家大小洗过澡，换上新衣服以后，就围着一炉大火开始守岁。“三十晚上的火，十五晚上的灯”，除夕之夜的火，要绝对旺盛。火旺，预兆着来年红红火火，兴旺发达。守岁时，一家老少和和美美地吃着瓜子、糖果，闲聊着天，或是开展娱乐活动，或是欣赏春晚节目。一直到午夜过后，燃放烟花爆竹，送走旧年，迎来新年，才上床睡觉。

团年后，三天不挑水、不倒水、不用针、不扫地。

出行和拜年 到了大年初一，家家户户天不亮就起床，开“财门”。除夕晚上大人会一再嘱咐年轻人和小孩子，初一早上不能睡懒觉，必须早早起床。所以老年人起床后，立即点燃鞭炮，把一家人催起来，梳洗完毕，就在院子中央放上一张小方桌，点燃香烛，燃放爆竹，面对吉方，朝天作揖，称之为“出天行”。

兰英村人拜年，首先上死去的亲人坟上拜年，放火炮。旧时有“初一不出门，初二拜家庭，初三初四拜丈人”的规矩。兰英村有从大年初一起“拜转转年”的习俗，住在一个院子的三五家，甚至十多家左邻右舍、亲朋好友，聚集起来，轮番到各家拜年。拜年要说“发财”之类的吉利话，一定要放火炮、鞭炮，但不带礼物。拜年之际，会开展玩“狮子”、舞龙灯、打牌、下棋、唱书、讲故事等活动。开饭时主人摆好宴席，宾主

划干龙船拜年　　　　佘平　摄

一起品尝山珍、畅饮佳酿。

兰英村人有“划干龙船”的风俗习惯，一些民间艺人用五光十色的纸扎成五彩缤纷的小龙船提在手上，从正月初一到正月十五，挨家挨户地划干龙船拜年。划干龙船的艺人，有一人一组的，也有二人一组的，他们走到农户家门口，一边敲打铜锣或敲小钢板，一边唱些“敲起锣儿拜大年，东家免灾保平安；财源茂盛人气旺，升官发财福寿延”，或“你给我赠坨盐，今年买几亩田”“给我赠坨油，今年买头大牯牛”之类的歌谣。旧时，农村文化生活匮乏，来了划干龙船的艺人，觉得十分新奇，加之在新年大节里，艺人说的、唱的都是些吉祥如意的内容，家家户户都图个吉利，纷纷给艺人酬劳或赠送物品。即使是再穷的家庭也都毫不吝啬地往外拿出自己本来就很稀少的油、盐之类的东西让艺人唱几支赞歌，以求转转运气。改革开放以后，兰英村人的腰包鼓起来了，文化生活也随之丰富了，划干龙船的习俗已不复存在。

土地会　兰英村有一个节日叫做土地会。土地会在农历的二月初二。据说这天是龙抬头的日子，叫春龙节，古称挑菜节。

民间有“二月二，龙抬头，蝎子、蜈蚣都露头”的谚语，表示春季来临，万物复苏，蛰龙开始活动，农事即将开始。从节气上说，农历二月初，正处在雨水、惊蛰和春分之间，开始进入雨季。

土地会那天非常热闹，兰英村家家户户都要做些好吃的，把嫁出去的女儿或亲戚朋友接到家过节、参加土地庙会。

春分　春分那天，兰英村人不进老林，不惊动雀鸟，村民只在农田里干活或者休息。

蚕子（蚕）会 农历三月初三是蚕子会，就是蚕子的生日，兰英村人忌讳动土，认为动了土虫多，损害庄稼。

清明节 又叫寒食节，是中华民族传统祭祖和扫墓的日子。扫墓俗称上坟。兰英村人在清明节前后要到死去的亲人坟上挂清明吊子、烧纸钱，十分重视祭祖。

清明吊子是用纸（或彩纸）剪成的纸条，宽4厘米，长68厘米，共6个，即“生老病死苦生”，落到“生”字上，排列成一条线，然后系在木枝或竹竿上，将竹竿插在坟头，好像坟上飘着小旗帜。一座坟往往有很多人挂，一时间村中坟头变得五颜六色，引人注目。

端午节 兰英村人过端午节有吃饺子、佩香囊、悬艾叶菖蒲等习俗。

兰英村习俗每年五月初五是小端阳，十五大端阳，二十五末端阳，百姓家家都要吃饺子，并要接已出嫁的姑娘回家一起吃，一般是哥哥弟弟亲自去接。端午节兰英村人没有包粽子的习惯。

端午节小孩佩香囊，通常装饰在衣领上，有避邪驱瘟之意。香囊内装有朱砂、雄黄、香药，外包以丝布，清香四溢，再以五色丝线弦扣成索，作各种不同形状，结成一串，形形色色，玲珑可爱。

兰英村有句民间谚语，“清明插柳，端午插艾”。在端午节，人们把插艾和菖蒲作为重要内容之一。家家都洒扫庭院，以菖蒲、艾条插于门楣，悬于堂中。并用菖蒲、艾叶、榴花、蒜头、龙船花制成人形或虎形，称为艾人、艾虎；制成花环、佩饰，美丽芬芳，妇人争相佩戴，用以驱瘴。

端午节也是兰英村自古相传的“卫生节”，人们在那一天洒雄黄水，饮雄黄酒，预防蛇虫。

六月六 农历六月初六，兰英村妇女都在家做内务，家家户户都把衣服、被子拿出来晾晒，晒后一年不生虫。当天太阳越大越好，素有“六月六晒龙袍”的说法。如果下雨，也要拿出来抖一抖，以后慢慢晒。

月半节 每年农历七月初十至十五，为月半节，又称中元节。民风古朴的兰英村人，在“七月半”要设供桌，供酒馔糖果，烧袱子（用白纸包封的冥币），祭奠祖先。

兰英村习俗，不论哪家死了亲人，在三年内过七月初十的月半节，称之为新亡人。没有新亡人的人家，一般是七月十二过月半节。

中秋节 兰英村人过中秋节，有祭月赏月的习俗。

中秋晚上，兰英村有烙“团圆饼”的习俗，即烙一种象征团圆、类似月饼的小饼子，饼内包糖、芝麻、桂花和蔬菜等，饼皮压月亮、桂树、兔子等图案。上香祭月之后，由家中长者将饼按人数分切成块，每人一块，如有人不在家即为其留下一份，表示合家团圆。除月饼外，各种时令鲜果干果也是中秋夜的美食。

中秋节时，云稀雾少，月光皎洁明亮，兰英村民会开展一系列活动，如舞龙、摔跤、跳月等等，庆祝团圆和丰收。

重阳节 农历九月初九，兰英村人有登高看远的习俗，老一辈人说那天登高看远有益身体健康。

重阳敬老，是中华民族的优良传统。兰英村人那天都会帮老人做一件事，如挑水、劈柴、扫地、洗衣、做饭等等，到后来也有送礼物的。兰英村人历来重视孝道文化，老一辈人经常给后辈讲二十四孝的故事。在生活中，兰英村人则把关爱更多的老人作为应尽的责任。在外打工的兰英村人也体现了他们不凡的品格和良好的素质，乘车时，主动起身将座位让给老人；排队时，主动让老人站到自己的前面；过马路时，主动上前搀扶老人或挡在老人身边以防车撞……这是传统文化在兰英村人身上的体现，简单的行为，是对生命的尊重。

民间礼仪

兰英村的老百姓敬重自然万物，崇尚自尊和尊敬他人，讲究文明礼节，在人际交往中谦虚恭让，在社会生活中坚守中庸乐观的态度，尤其看重礼尚往来。

待人接物 两个人见面要主动打招呼，要喊人，该称呼什么就称呼什么。特别是见到长辈，嘴巴要更甜。比如习惯问话：“你在忙么哩（什么）？”互相回答后便唠叨彼此有兴趣的家常，以此寻找共同语言。家中来了客人，主人一般都会说：“稀客，是哪阵风把你吹来了？”接着让座、奉茶、递烟。抽叶子烟（旱烟）的给三卷，双手捧上，抽香烟的给一支。客人告别时要说“多谢了”，主人家要说“好神些（小心些），欢迎下次再来”。人多一起走路时，辈分最高的要走在前面，随后依辈分而行。向别人借钱借物要说：“向你这位有钱的大财主借一点。”麻烦了别人要说：“难为你了（多谢你了）。”红白喜事有较多的特殊礼仪，要互相送礼金礼品。过年时要到长辈和好友家拜年，见长辈就说“拜年，拜年”，见平辈和晚辈就说“敬个发财揖”。平常男人要刮胡子，女人要穿着得体，举止和语言恰当，不失态失礼。

坐席礼 兰英村的老百姓尊老、敬老，吃饭坐席很有讲究。首先，德高望重的长者或长辈应坐上席，其余客人按照辈分依次落座，主人一般坐在下方。吃饭时主人会给大家夹菜，好吃的、营养丰富的都用干净筷子夹给客人或长辈。

敬酒 敬酒是兰英村百姓最讲究的事。在干杯时，需要有人率先提议，可以是主人、主宾，也可以是在场的人。提议干杯时，应起身站立，右手端起酒杯，或者用右手拿起酒杯后，再以左手托扶杯底，面带微笑，目视祝酒对象，同时嘴里说着祝福的话。

有人提议干杯后，要手拿酒杯起身站立。即使是滴酒不沾，也要拿起杯子夹点好菜做做样子。将酒杯举到眼睛高度，说完“干杯”后，将酒一饮而尽或喝适量。然后，还要手拿酒杯与提议者对视一下，干杯的过程才算结束。

干杯前，可以象征性地和对方碰一下酒杯。碰杯的时候，应该使自己的酒杯低于对方的酒杯，表示对对方的尊敬。用酒杯杯底轻碰桌面，也可以表示和对方碰杯。如果主人敬酒干杯后，要回敬主人，和他再干一杯。

一般情况下，敬酒应以辈分、年龄大小、职位高低、宾主身份为先后顺序，所以敬酒人一定要充分考虑好敬酒的顺序，主次分明。如果在场有更高身份或年长的人，要先给长者敬酒，以示尊老、爱老。

◉ 游戏

传话 兰英村的小孩爱玩一种传话的游戏。用两截竹筒，长约 20 厘米，一头留节，在节的中间穿一孔，找一根长绳穿过，绳头在竹节内外两面打结以固定，另一头固定在另一个竹筒节上。竹筒口部旧时用猪油皮封住绑紧，后来用薄胶纸，今用透明塑料薄膜。两位小孩拉紧绳，远

传话　　代纯明　摄

远地站着，一个小声说话，不能让站在旁边的小孩听见，一个放在耳朵上听，比如听到“太阳”，就传递下去，将太阳说给第三个人听，这样一路传下去，最后一个人大声说出来，第一个人也大声报出来。如果准确无误，就一起喊：“我是顺风耳！”如果错了就一起喊：“你是实心耳！”尤其是传话传错了，格外好笑，所谓“聋子好对话”，如“我在读书”错成“我在喂猪”。

石子棋 兰英村大人小孩都喜欢玩石子棋，棋盘就画在地上，有很多种玩法，经常下的有成三棋、蜻蜓棋、箩筐棋。

成三棋的棋盘是大口包小口，两口四边中间直线相连，节点放石子。成三棋的规则是每人 6 颗石子，两个人下，开局石子放在两个回字的各一边。每次走一颗石子，每颗石子走一步，谁的石子先成为三点一线就赢了。

蜻蜓棋的棋盘是上面一个四边菱形，左右角直线连通，上下角直线连通，下边是一个木字，木字的一竖上面与菱形上下角连线相通，木字撇、捺、竖下面分别画三横。蜻蜓棋的规则是每人一颗石子，放在木字下面的三个底横上，两个人三个人都可以下。三人下就同时出手掌手背，出手不同的人赢，赢者向前走一步棋；两个人下就出剪刀、石头、布，赢者向前走一步棋，谁先走到顶角，谁就赢了。

箩筐棋棋盘是一个田字，下面不封口，而是分别在三竖的末端画上圆圈，代表箩筐。箩筐棋的规则是两个人下，一人两颗石子，开局石子放在左右两边节点上，每次走一颗石子，谁的石子逼近了中间的圆圈，就丢一颗石子，两颗石子都丢了就输了，对方胜利。

下石子棋简单，有竞争性，人们乐此不疲。

跳月 兰英村人特别喜欢月朗星稀的夜景。小孩们在每个月的十五、十六月圆之夜，只要天气好，月亮无云遮挡，就忍不住开展“跳月”活动。找几个盆子，打上半盆清水，放在屋外院子里，盆与盆之间相隔一米左右，依次排列成一条直线。于是天上的月亮倒映在水里，每个盆中一个，看起来非常有韵味。小孩子们排着队跃过每个盆中的月亮，然后又跳转回来，嘻嘻哈哈，甚是好玩，嘴里念着古老的儿歌：“月亮走，我也走，我给月亮提笆篓，提到南门口，碰到三个大姐摘石榴。大姐的娃娃哭，打开箱子取腊肉，二姐的娃娃哭，打开菜园子扯萝卜，三姐的哇哇哭，摘个篾石榴。”

扭扁担劲 兰英村身强力壮的小伙子们，喜欢玩扭扁担劲的游戏，两人用右手分别正握住扁担的一头，面对面站着，然后各自向怀里用力扭动，谁把扁担扭转过来，谁就赢了。这个游戏需要很大的手劲，如果势均力敌，看起来会很刺激。

打麻雀　兰英村小孩喜欢玩打麻雀的游戏。三五成群的小孩分成两队，一队在一头，一队在另一头，面对面站着。一头的人说："天上起乌云，地下打麻雀，麻雀打不开，把张娃子调过来。"另一头的张娃子听到后，快速跑过去，站在对方的队伍中。另一头的人念同样的话，把对方的李老二调过去。如此跑来跑去，孩子们乐此不疲。

◉ 方言土语

方言词

哈哈儿——一会儿

默到——以为、认为

么哩——什么

老哇子——乌鸦

劳慰——感谢

姑倒——蹲下

鼓到——不行硬要做

泡火——多

日白——撒谎

叼谷子——故意

格式——形容人穿衣很洋气

洒痞——不讲信用的人

现饭——剩饭

灶叽子——蟋蟀

驾篾——开始

刹果——结束

揪巴儿 / 渣渣儿 / 小把戏——小孩子

新姑娘——新娘子

二里八醒——说话没分寸

勺里吧唧——不内行，糊涂

土语句

嘞个搞——怎么办

我好欠你喔——我好想你喔

浑还楞个儿——总是那（这）样

希达乎儿——差一点儿

搭一仆爬——面朝地摔一跤

你涮我坛子哟——你开我玩笑哟

隔起八毛子远——隔得很远

楞个点点儿 / 点把子——这么少

滋点儿药（yuó）——擦点药

样旧呢个搞——和以前做法一样 / 就这样做

好过不得哟——让人烦 / 讨厌

一背仰子——面朝上跌倒

呢哈糟哒——这下完了

黑人把萨的——挺吓人的

打粘花野食——注意力不集中，东张西望

淡俩俩的——指去做没必要做的事

想经盗花儿——胡思乱想

日古俩 / 日古俩俩的——不做正经事的人或不正经的事物

二朦八稀的 / 朦寡——很迷糊的人

擦黑哒——天要黑了

不日毛——讨人嫌

去了豁——死了

打精膀子——不穿上衣

整经道法儿——想法害别人

◉ 独特劳作方式

倒挖田　兰英村除了高山部分平坦之地可以牛耕以外，大部分峡谷坡田需要人工

庄稼地　　李朝元　摄

用锄头挖地，如按照正常体位挖田，由于坡陡，泥巴会顺坡滚下，挖松多少滚多少，表面的肥沃土壤尽失。于是人们发明了“倒挖田”的办法，即从上向下挖，挖松的土用锄头稳住向上托住，避免泥土滚落。倒挖田时，人似倒立，十分消耗体力，而劳动场面新奇。

备柴　兰英村祖祖辈辈的生活燃料一直是木柴，烧火煮饭、煮猪食、火塘烧火取暖等用的都是木柴。备柴首先是请人在自家的柴山（政府划给农户用于砍柴的山）砍树，专砍木质一般的杂树，剃枝断截。然后往家里运，细枝丫用背叉背，背叉是用木头做的，由两个叉组成，木柴搁在上面保持平衡，用篾条编两个系带，背在背上，高过肩头，比较省力；粗大一点的木头，能扛得起的就扛；特别粗大的则利用倾斜地势和高山

柴垛　　代纯明　摄

冬天的冰雪路，用“钉牛”轻松拖回家。钉牛是一个钢铁楔子，长约 15 厘米，宽 2 ~ 3 厘米，一头稍尖稍薄，便于钉进木头的根端，另一头穿孔便于结绳子，拉绳长度要能够反背在肩上拉。所以冬天是备柴的最好季节，男人女人一起拖柴。木柴运回家后还要划柴劈柴，用专用的钳子牦牛（长而窄的斧头）把柴劈碎。家家户户储存的柴，一捆捆、一垛垛堆放在房前屋后，随时取用。各家各户的劈柴，整齐码放，成为村中一道亮丽的风景。当兰英村及其周围成为自然保护区后，人们开始意识到烧柴是对树木的浪费，是对生态的破坏，需要寻找清洁能源代替。

脚背篓、打杵子　　代纯明　摄

背力　背力在过去是兰英村人运输日常生活用品的唯一方式，背力工具打杵子、脚背篓每家必备。打杵子是“丁”字形，半人高，可以支撑在脚背篓底部，托起重量，从而使背力人肩膀松下来，站着歇息，以免歇在地上站起来太费力，用打杵子恢复一下体力后就可以接着走。脚背篓是专门背重物的篾编背篓，背篓口小，方便托重物，省力，背篓高宽度与人背高宽度差不多，用竹块紧编在一起，结实坚固。背力的人肩上有垫肩，颈上挂汗帕子（汗巾），在村里上上下下，一步一个脚印，常常汗如雨下。当公路通到兰英村后，专门负责负重运输物资的力人消失了，但住在偏远地方的村民仍然少不了要背力。

打猪草　打猪草在兰英村有特色，以前是妇女小孩天天要忙的事。兰英村每家圈养猪不多，一两头而已，但不喂饲料，只喂野草、玉米、土豆、红薯、牛皮菜等，人吃剩下的粮食和蔬菜也可以喂猪。打猪草的花背篓口径大，容积深，会根据每个小孩年龄身材大小编织。大人一般只在自家田里扯草。小孩放学后，则背起花背篓满山跑，打好一背篓猪草后就可以尽情玩耍了，他们三五成群，抓子（一种石子游戏）、下棋、斗鸡、打仗、摔跤，也有讲故事、看书、唱歌的。每当夕阳西下，才背着猪草高高兴兴回家，如果有小孩没有打满一背篓，会被母亲惩罚，往往大家就帮他多扯几把。女孩晚上回家还要帮母亲剁猪草。后来粮食日益丰富，杂粮用于喂猪，打猪草的量减少了。随着孩子们因学校并入西安村只能寄宿，兰英村的男人也不得不打猪草了。

筛火粪　　代纯明　摄

野生海螺七　　王常林　摄

焥火粪　兰英村人为了提高农作物产量，千百年来就有焥火粪的习惯。人们带着刀和锄头上山，把一些小树、茅草砍掉，再把山上落的树叶和草皮刮下来，外加一点泥巴，点燃火慢慢烧，叫烧畬。一堆混泥草叶要烧上六七天，之后就成了种植庄稼的上好肥料，俗称火粪。烧毕，还要用筛子筛，分类，筛子下面的和筛子上面的都有用，用于给不同的庄稼施肥。此种火粪是土法加工的钾肥，绿色环保。传说唐朝著名诗人刘禹锡在夔州作刺史时，曾写了一首《竹枝词·烧畬》。烧畬至今盛行，外地人颇感兴趣。

找野药　找野药卖，是兰英村人一项可观的收入来源，但要到很远的大山上去找，钻老林，自带干粮，比较辛苦。找药季节，男女都上山，运气好的一天可以收入几百甚至上千，运气不好很多天都打空手。找药人上山就爱唱山歌，此起彼伏，互相唱和，呼朋引伴。野生草药不愁销售，早先有供销社统一收，后来有药贩子专门收购。

割漆　兰英村的高山上有一种树，叫漆树，割开后分泌一种浆状物，就是生漆，可以漆各种木质家具，漆后不长虫，耐腐蚀，漆面黑得反光。割漆的人叫漆匠，穿着割漆的衣服，手杵铁钻木杖，木杖上的挂钩挂着招桶（树皮做的用于装漆的桶），带着漆刀、漆刨、漆叶子（接漆浆的榕树叶）、木钉子，天一亮就上山。割漆分两个阶段，第一阶段做准备，在漆树上钉木钉子，便于漆匠踩着钉子爬到树的高处，钉子一步一钉，钉成螺旋形，便于两只脚踩，钉多少颗根据树的大小而定。然后刨掉漆树开口处的粗皮，刨多少也要根据树的大小而定，一棵大树可以开十几处口子，但要留出树冠吸收水分和营养，否则会把树割死。第二阶段割漆，拉开一道口子，下面拉一个小口，将漆叶子两两对折，形成撮状，卡在小口处接住大口流出的生漆，上午割，下午收漆，漆装在招桶里。漆匠上山也爱唱山歌，从这山唱到那山。

割漆　　代纯明　摄

割漆工具　　吴健　摄

美食小吃

苞谷（玉米）坨　“苞谷坨”，脆而不硬，甜而不腻，清香可口，是兰英村的特色食品，是将玉米粒炒熟后，加上糖黏合而成，俗称“糖坨坨”。

过去，兰英村人做糖坨坨非常简单，即把玉米粒放进装有草木灰的铁锅里用大火爆炒成爆米花，然后加入熬干水分的麦芽糖，用手捏成圆形的坨坨，即可食用。此种方式做成的苞谷坨，保鲜时间短，容易“皮（不脆）”。而且只有过年时才能吃上，故而以前用苞谷坨待客，还是挺稀奇的。嫁女时，苞谷坨还是用来压箱底儿的陪嫁。

随着时代的发展，而今苞谷坨不但花样翻新，选料十分严格，制作工艺也复杂多了，味道、口感更加鲜美。其制作流程分为五步：

第一步，精选玉米粒和大豆粒。制作苞谷坨的玉米粒和大豆粒，要颗粒饱满，无破裂，无杂质。

第二步，浸泡玉米粒和大豆粒。浸泡时在温水中加入适量的明矾，如果没有明矾，则用磨豆腐的窖子水。玉米粒和大豆粒要分别浸泡。浸泡时间以 24 ~ 36 小时为宜。待玉米粒和大豆粒充分膨胀后，用自来水漂洗几遍，倒进铁锅煮 1 ~ 2 小时（既要煮熟，

扭玉米　　李磊　摄

合渣　　王常林　摄

又不能让其裂口），然后用竹筛过滤，晾干。

第三步，爆炒玉米粒和大豆粒。大铁锅加旺火，放入煅过的河沙。煅过的河沙就是将河沙用清水淘干净，放到铁锅炒红，然后倒入适量的菜油。煅制过的河沙，润滑无比，不粘玉米，可以长期使用。煅过的河沙用旺火炒红后，倒入玉米粒（或大豆粒），用锅铲反复搅拌，将玉米粒（或大豆粒）炒至金黄色时起锅，筛去沙子。

第四步，用文火炒核桃仁，炒成黄色后筛净杂质。

第五步，将上好的麦芽糖或蜂蜜倒入铁锅，用文火熬干水分，再把炒好的玉米粒、大豆粒、核桃仁，按 10∶2∶1 的比例倒进糖锅里，搅拌均匀。搅拌时，火候特别重要。水分没蒸发干净，制成的苞谷坨黏手，容易返潮。熬得太老，苞谷坨则黏不拢。所以，要恰到好处。用锅铲把拌好的玉米糖铲起来，黏了糖的玉米粒如不往下垮，就赶快捏成大小一致的坨坨。做好的苞谷坨，吃起来酥脆爽口、唇齿留香，回味无穷。将苞谷坨装入食品袋，保质期可达半年之久。

千层饼　将韭菜用自来水洗干净，切碎后倒入刚刚炸好的新鲜菜油，加调料拌匀。把发好的面团擀成薄片，均匀地撒上韭菜，卷成圆筒，再把圆筒扭几扭，压成圆饼，放进油锅内煎。煎黄一面，用锅铲轻轻地翻过来再煎另一面。两面煎好后，起锅装盘。刚出锅的千层饼，香气四溢、鲜嫩可口。

合渣　合渣，又叫“懒豆腐”或“菜豆腐”，兰英村人称为“推合渣”。先将黄豆泡胀，然后磨成豆浆，再兑水放进锅里，加入切细的韭菜、青菜等菜丝一同煮沸，便制成了乳白中透着翠绿的“合渣”。制作豆腐要过滤豆渣，而合渣不用滤渣，是和渣一起煮，因此称为“合渣”。黄豆富含蛋白质，青菜含维生素，做出来的合渣清淡中带有豆香，色味皆具，营养丰富。兰英村民间有“好看不过素打扮，好吃不过合渣饭”的说法。

泡菜 兰英村的泡菜很有地方特色。泡菜坛的设计别出心裁：圆形、口小、底小、肚大、颈部还加一圈外舷，用以盛水隔绝空气，它不仅外形线条流畅，泡出来的菜品也格外嫩脆。泡菜缸的质地主要是粗陶，少数是细陶，21世纪以后，还有用玻璃制作的，但效果以粗陶最佳。

兰英村的泡菜品种相当广泛，大多数瓜类、果实类、根茎类蔬菜都可做泡菜。有的品种只泡半天即可取食，俗称跳水咸菜。有的品种长期留缸备用，如泡辣椒、泡生姜、泡萝卜、泡酸菜等。有的品种具有药用价值，如泡萝卜熬水烫脚、擦背可医治风寒感冒，陈年泡茄子可预防破伤风等。有的品种专门用来搭配肉类烹调特色菜肴，如酸菜、酸萝卜等。

腊肉 腊肉是兰英村特色肉类食品。杀年猪时，把新鲜猪肉用盐腌制后，再挂在火塘上方慢慢烤，待水分熏干即成腊肉。腊肉可蒸可炒可炖汤，醇香扑鼻，肥而不腻，瘦而不僵，入口回味无穷。尤其是吊锅炖腊肉和干土豆块，是兰英村的招牌菜。

糍粑 将糯米、小米和土豆用木甑蒸熟，倒在饭盆里，用糍粑棒（自制）捣烂成泥状，制作成条形，切成片，放在油锅里煎成两面黄，加上佐料即食。糍粑是兰英村流行的美食。

糍粑　　吴健　摄

锅巴土豆 锅巴土豆是过去兰英村人的主食之一，长吃不厌，越吃越想吃。先把土豆刮皮，煮熟，捞起沥干。然后放在柴火锅中慢慢炕，不放油盐和任何佐料，待土豆炕出金黄的锅巴后，即可食用。

清末至民国初近20年间，兰英村高山老林地区有东乡人（今四川达州万源市人）居住过。在兰英寨、后河附近的山林里，他们以家庭为单位，选址建房，开垦田地，并以自己的姓给小地方命名，如熊疤眼屋场、何老三水井、邱家垭子、宋家垭子、沈家弯、周家弯等，流传至今。东乡人只种土豆，他们自带的土豆种，适合高山地区生长，特别好吃。他们尤其喜欢吃烧土豆（土豆放入火灰中烧）。再就是用东乡吊锅烘炕锅巴土豆，一直炕干水汽，炕起锅巴后再吃。土豆的这两种吃法，在兰英村至今盛行。

四季豆土豆 兰英村人日常喜欢吃的还有四季豆土豆，将四季豆去筋，土豆刮皮后混合在一起，加水煮，放油盐大蒜即可，连汤带水吃，味道鲜美。

面面饭 面面饭过去是兰英村人的主食之一。其做法是将玉米用石磨磨成面，再将玉米面加水拌湿，然后上甑蒸，蒸得雾气腾腾的时候开始翻甑，用簸箕将半熟的玉米面摊开，洒热水拌匀后再蒸，直至熟透为止。蒸好的面面饭清香中透着微甜，吃起来十分可口。兰英村人吃面面饭时都要以合渣伴食。因此，合渣、面面饭已经合二为一，成为当地一道招牌绿色美食。人们时常说："面面饭，合渣汤，吃了心里就不慌。"后来更多人喜欢把面面饭和大米合蒸，称为"梭衣饭"。

神豆腐 神豆腐，兰英村人自制的一种食品，是将采摘的臭牡丹树叶放入饭盆里揉烂，加入开水和火塘里的紫木灰搅拌，最后沉淀，变成绿色块状，便可以像豆腐一样吃了，一般都做凉菜。

异峰突起　　陈方元　摄

村民生活

兰英村历来以传统种养业为经济支柱，生活只能满足日常需要。新中国成立后，国家的救济、扶贫政策为村民带来了实实在在的福利。改革开放以来，兰英村人因地制宜，奋发图强，解决了吃穿住行用的问题，改善了生存生活条件。1978 年兰英村第一所电站青龙电站建成发电，结束了用油亮子和煤油灯照明的历史。1999 年村境内第一条公路土石公路建成通车，成为兰英村人出行的转折点，兰英村民迎来了以车代步的时代。新式家居、电器、小汽车等陆续走进兰英村普通农户家。

“陡峭之路可攀，悬崖高峰敢上”是兰英村人的真实写照。而今兰英村开始了新一轮精准扶贫、脱贫攻坚工作，利用境内丰富的自然旅游资源优势、生态优势，努力实现生态美、产业兴、百姓富。

种养经济为支柱，社会保障更加强。
精准扶贫勤致富，吃穿住行奔小康。

◉ 收入支出

收入 清朝以前兰英村民的收入主要来自种植业和养殖业，种植方面除庄稼以外，还有药材，以黄连、大黄、党参等为传统品种，涌现了部分黄连大户。黄连不长虫，可以囤积居奇，有囤黄连如黄金的说法。养殖主要是猪、牛、羊，兰英村具有养殖的自然条件，圈养和放养结合。采挖野药、野菜和打猎也是村民的部分收入来源。在巫盐古道上有少部分人从事食宿服务业，收入不菲。一些民间匠人通过外出做

晒粮　　廖典成　摄

雨中牧羊　　吴健　摄

活也能挣回银钱。民国时期，兰英村民的经济收入以种植鸦片为主，其他为辅。开客栈、背力运输也成为部分人的经济来源。

新中国成立后，政府禁止非法种植鸦片，兰英村民回归正常的种养业。二十世纪五六十年代，自然灾害严重，收入下降，村民依靠国家的救济衣、救济粮作生活的补充。生产队期间，村民的种养业不够生活开支，仍然靠国家救济。20 世纪 70 年代，为了增加收入，开始发展乡镇企业，1976 年兰英村利用巴岩子河水能建第一个电站青龙电站，1978 年建成发电，兰英村结束了用油亮子和煤油灯照明的历史。但电站因技术差，发电量小，发电收入微薄，只能对村中困难户给予帮助。

1982 年兰英村实行家庭联产承包责任制后，粮食收入增加，解决了吃饭问题。经济收入以种植药材为主要来源，药材品种有冬花、贝母、独活、牛膝、云木香等，人们开始有结余。1993 年国家下拨 100 余万元扶贫资金，在兰英村建双通电站，为了运输器材，首先打通了通城到巴岩子河的公路。1997 年建成发电，成为全县最大的电站，

峡谷电路　　李朝元　摄

输出量大，2000 年各电站并网，为地方带来一定的经济收入。之后外出打工收入渐多，村民有了富余。走出村外做生意的兰英村人越来越多，少数人成了大老板。但兰英村仍然是贫困村，为此政府大力实施扶贫政策，投资发展传统种养业，并为村民陆续解决通电、通水、通路、通网等民生问题，改善了住房条件，兰英村民获得了实利。

2010 年后政府实施精准扶贫，投入资金，规模化发展养殖业，以养羊、猪、鸡为主，村民收入提升较快。随着旅游业的发展，农家乐和农家特产销售也带来了一定的收入，经济收入日益增加。2011 年，全村农民人均纯收入 4578 元。2015 年，全村农民人均收入 8348 元，是 2011 年的 1.8 倍。至 2016 年年底，全村农民人均收入 9867 元，同比增加了 1519 元，增长了 18%。

支出　旧时，兰英村人生活在封闭的村落里，消费水平很低。食盐是生活中的必需品，因兰英村处于巫盐古道上，村民可以通过给盐背子提供食宿服务获取。而衣服要用钱买，主要以御寒为目的。床上用品花费多一点，高山寒冷，棉被要厚。兰英村人建房屋，就地取材，花钱不多，费工夫多。医疗花费少，得病的人都请巫医和草医，略表示感谢即可。跟师学艺的人帮师傅做活，倒吃师傅的饭；少许读私塾的少年每年付学费“斗米四斤”，即一斗米（大米或玉米）、一斤白酒、一斤旱烟、一斤茶叶、一斤白糖。

村民过年过节请客吃饭得准备酒肉，消费较大。兰英村人很重视婚丧嫁娶，花钱最多。兰英村家庭的赡养、抚养成本低，一般只保障基本的温饱。田租和官税，往往成为贫苦村民的负担。

新中国成立后，在集体劳动时期，村民消费主要用于穿衣吃饭，一般小孩上到小学毕业时家庭已无力负担，所以这一年龄段的人大部分没能上中学。土地包产到户后，村民购买优良种子、化肥的支出年年增加。教育开支越来越大，上初中、高中的人越来越多，还有的读了大学。医疗方面逐渐兴起看西医，大幅度提高了医药费用。公路通车后产生了交通消费，出门需要车费，部分人买了私家车。

进入 21 世纪，农村税费减免，国家号召购买保险，2001 年兰英村开始实施农村医保，并一年一参保。村中医保参保人数一直在 90% 以上，养老保险、房屋保险、意外伤亡保险、大病医疗保险等参保人数在 40% 以上。兰英村人的消费观念紧跟时代发展而改变，吃穿用度提高了档次，房屋追求质量，室内装修讲究，家具、家用电器齐全。村民们愈来愈重视孩子的教育，不惜投入重金择校。交通投入增加，家家户户都购置了代步车。休闲娱乐消费逐年增加。手机、电脑进入普通农户家，网络消费开始出现，年轻村民为其主要力量。

◉ 衣食住行用

穿

旧时，兰英村衣物大都以手工缝制而成，村中女性都会裁剪、缝制和刺绣。村民穿的普通刺绣衣服有大襟、银钩、三股筋。大襟在左边开扣口，袖大而短，无领，在背面刺绣，但不镶花边；银钩为矮领，衣领和袖口镶较宽的青边，袖口青边上绣三朵五色梅花，胸面绣花；三股筋，衣领大袖大，领高 1.65 厘米，袖口镶 16.5 厘米的宽边，在衣领和袖口上绣花。村民平常穿的衣服有长衫和短衫之分。新娘穿红色衣服，大而长，叫露水衣。小孩服饰突出在帽子上，绣花、绣文字、挂串珠等，并按年龄大小、四季变化确定帽形，如春秋戴“紫金冠”，是一种装饰复杂的帽子。民国以后，男子爱穿中山装。改革开放以后，兰英村人与外界接触增多，传统穿着逐渐被现代着装所代替，只有部分老人和小孩还在包帕子、戴绣花帽子、穿手工缝制的传统衣服，但传统手工做的布鞋一直被全村人喜爱。

长衫 早期，兰英村民以长衫为主要服装。长衫又名长袍，一般以黑色和青色为主，款式分为两种，一种是窄袖，一种是大袖口。一般人都穿窄袖，只有少数有钱人或老人才会穿大袖口长衫。长衫多用布扣，女性的长衫开口从正前到腋下再直下，男性的长衫开口从胸前直下。

穿长衫、包头帕的兰英老人 王常林 摄

清朝至民国时期，长衫无领、四面开衩，1900—1949年最为流行。民国初期，兰英村女性服饰中出现了侧摆开衩的旗袍式长衫，在20世纪50年代淡出，到20世纪80年代之后，这种旗袍式长衫在兰英村又流行起来。20世纪90年代末，穿长衫的村民越来越少，现在已基本没有人穿了。

中山装 中山装又名五四青年装，因孙中山先生提倡而得名。从民国起，中山装就是兰英村男子常穿的服装，布料以蓝布和青布为主，大多是按照图样自己裁剪缝制的。中山装在兰英村流行时间很长，直到20世纪80年代末，才渐渐被流行时装所替代。

流行时装 20世纪末，都市流行时装逐渐进入兰英村，村民从最初的不习惯，到后来的接受和喜爱，经历了一个过程，但年轻人很快融入了现代服装潮流。兰英村人虽然赶不上流行时装的变化节奏，但除了部分老人和小孩以外，不再穿村里的传统服装。

包头帕 旧时，兰英村无论男女老少都有头上包帕子的习俗。男性的包头帕有青丝帕、青布帕和白布帕，长2～3米，没有完全盖住头发。女性包1.7～2.3米的青丝帕和青布帕。包头帕先前多用土家织布裁制，后逐渐被现代新式帕子所替代，再后来男子开始戴帽子，年轻女性则不包帕子，但年纪较大的女性依然包帕子。进入21世纪，村民戴帽子的越来越多，包帕子的越来越少。

戴帽子的兰英老人 吴健 摄

裤腰带 旧时，兰英村人的裤子多是青、蓝色布，上面接白布裤腰。裤腰带最有特色，用布双折缝成，宽约10厘米，长约1.5米，两头绣有花。20世纪60年代至90年代，兰英村人的裤腰带五花八门，布条、草绳、芝麻带，能用的都用。进入 21 世纪，村民一律用上了流行的布腰带、皮腰带。

鞋 兰英村人穿的传统鞋主要是布鞋和草鞋。布鞋有鞋面中间起梁的高梁鞋、棉鞋、女小脚鞋，有鞋面中间无梁的松紧鞋、女式布鞋，可以在鞋面上绣花。女鞋鞋面多用青、蓝、粉红色绸子，鞋尖用五色丝线绣蝴蝶、蜜蜂和各种花草。布鞋鞋底厚，妇女都会扎鞋底，为了耐用，受力多的脚掌和脚后跟针脚排得很密，受力小的中间一小段针脚排得较稀。草鞋有偏耳子凉鞋和满耳子冬鞋，材料主要是稻谷草，也有用布条和麻线做的。偏耳子凉鞋前面大多有装饰。20 世纪末以来，皮鞋、运动鞋、休闲鞋等新式鞋子受到村民普遍欢迎，现在人们在家多穿传统鞋，外出多穿在市面上购买的鞋。

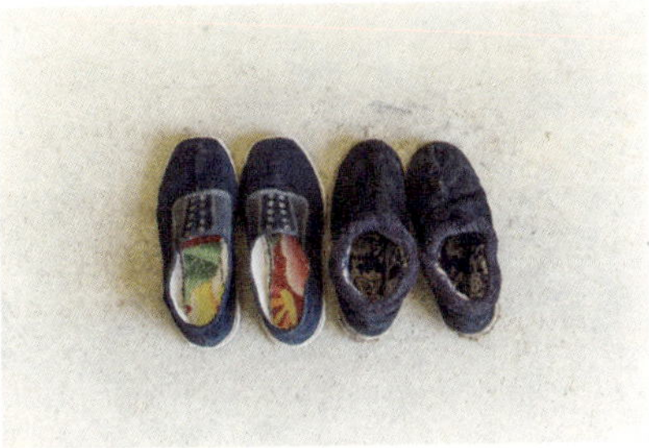

传统布鞋　　代纯明　摄

吃

兰英村人把大米、面粉称为“细粮”，把玉米、土豆、红薯、黄豆、胡豆（蚕豆）、豌豆等称为“粗粮”，有粗粮、细粮搭配烹食的习惯。一般以时令蔬菜搭配，如农历三月搭配胡豆、豌豆，四五月搭配瓜果、青菜，七八月搭配四季豆、白菜，冬月、腊月搭配包包菜、自制酸菜。蔬菜类品种较多，四季皆不缺青菜。

兰英村人的主食是玉米、土豆，辅之以大米、小麦、红薯。副食以猪肉为主，兼食牛肉、羊肉及鸡鸭鹅肉、蛋等，讲究荤素搭配，干鲜菜共吃。

家居饮食　　代纯明　摄

兰英村人的烹调特色是味多，味浓。基本味有 5 种：咸、甜、辣、麻、酸。从基本味调配出来的复合味有 22 种，即家常味、鱼香味、麻辣味、椒麻味、酸麻味、糊辣味、红油味、咸鲜味、蒜泥味、姜汁味、麻酱味、酱香味、烟熏味、荔枝味、五香味、香糟味、糖醋味、甜香味、陈皮味、咸甜味、椒盐味和怪味。

其烹调方法多种多样，有炒（生炒、熟炒、小炒、软炒、贴锅炒、沙炒、盐炒、油炒）、爆、熘、干煸、煎、锅贴、炸（清炸、软炸、酥炸、浸炸、油淋）、炝、烘、氽、烫、冲、炖、煮、烧（红烧、白烧、葱烧、酱烧、家常烧、生烧、熟烧、干烧）、烩、焖、煨、蒸（清蒸、旱蒸、粉蒸）、烤、卤、拌、泡、渍、糟醉、冻等。

住

兰英村人建房先请地理先生看风水，定方向，选择吉日开工。开工先念吉令词，奠基时将谷物和茶叶扔入房屋地基。房屋设计遵循传统的尺寸，正房、厢房、门窗、屋脊等的长宽高都有定数。在建房的过程中，每完成一项阶段性任务，比如整个墙体形成，要说吉令词，燃放鞭炮庆祝；新屋落成，要请左邻右舍的人吃饭。兰英村建房历来有互相帮助的习惯。

民居　　代纯明　摄

兰英村人的住房经历了岩洞、草棚、木屋、土石木屋、砖房的历史变迁。

岩洞　20 世纪 90 年代以前，岩洞一直是兰英村部分人的居所。选择住岩洞的人通常基于两种情况：一是穷得建不起房的，二是利用天然岩洞方便的。岩洞冬暖夏凉，适合人居住，缺点是有些岩洞透光性、透气性差，洞前平地小，晾晒庄稼不方便。

草棚　兰英村的草棚是用于在野外睡觉的特殊小屋。有的村民在山林中找野药、种植黄连等，夜不能归家，就在山上搭草棚睡觉。在田地间搭草棚，则是为了防止野猪等牲口糟蹋庄稼。草棚由三根支架撑起，下面三足鼎立，上面绑在一个点上，一根长支架在后面做屋脊，两根短支架支

草棚　　　　王常林　摄

木屋　　　　王常林　摄

在前面做门。草棚除门以外都用草苫着，形成一个坟墓形状，人们并不忌讳，反而觉得晚上安全。门扇是用小竹编在木杆上做成的。草棚里可以支床睡觉、烧火做饭等。如果晚上来了野兽，就用烧大火和敲梆的方式吓退。历史上也有多年长住草棚的单身汉或孤寡老人。

木屋　旧时，因兰英村盛产木材，村民大部分住木屋。木屋的框架由相应粗细的原木构成。用木材做墙壁有三种方式。第一种叫千脚落地，将大树划成若干小块（小树可直接用），全部截成 2.7 米长，然后一块挨着一块竖着排，排成一面墙，最后内外用篾条将夹木条子绑紧、固定，简易的墙壁就建起来了，但缝隙多，透风，于是外墙用篾条绑上干的玉米秸秆以防寒保暖。第二种叫垛木，是把砍来的木头，请木匠取直、削成平面，然后将这些木头平面对平面，横着码起来，用铁抓钉固定，木墙就建好了，此种垛木墙屋住着十分舒适。第三种是把大树用锯子锯成木板，由木匠刨光做榫头，一块一块接成板壁屋，此种木屋最美观。木屋一般用当地山上一种筷子粗细的小竹苫盖房顶，盖后无漏雨现象，哪怕几十年后小竹腐烂了也不会漏。木屋的楼板除了使用木板以外，还可用大拇指粗的黄竹或凤竹编制。木楼房间的大小根据地势而定，一般长 6 米，宽 5.3 米。

土墙瓦屋　　代纯明　摄

三面走廊的土木屋　　佘平　摄

石木屋　兰英村的石木屋是用乱石砌墙、用石灰和糯泥巴黏结墙缝而成。砌石墙是一个技术活，必须保持垂直，重心稳定。上面的檩子、椽子都用木头，可以盖瓦，也可以盖小竹和草。

土木屋　20 世纪，兰英村一般家庭的房屋都是土木结构。建房时，先深挖房屋地基，用垒石砌牢，再把含有黏性的泥土倒在木制的墙板（打土墙的夹板，长 3 米，宽 0.5 米）里，用羊儿杵（丁字形，下面接半圆球铁砣）把泥土杵严实。打墙时，两个人从两头向中间打，双手举杵，举过头顶，你一下我一下，有节奏地打，而且伴有号子声。每一层泥土里都放一些结实的树条作墙茎。墙面用木头做的泥掌子（像手掌一样的拍新土墙的工具）拍紧拍光。房屋上面的檩子、椽子都用木头，可以盖瓦，也可以盖小竹。房内有望楼（堂屋内大门顶上的楼），外有走廊或挑枋，挑枋上可以挂玉米棒子等。土木屋通风透气，冬暖夏凉。

混合天井屋石板地坝　　王常林　摄

砖混结构小洋楼　　吴健　摄

混合天井屋　兰英村比较特殊的建筑是土木石混合结构的天井屋。兰英村小石锣坪向家瓦屋就是天井屋，其虽然被拆毁，但仍可看出端倪。其房屋地基占地面积大，为四合院式，由火砖（泥巴做的经窑烧过的砖）墙和土墙共同组成墙体，上为木结构，房顶盖瓦，房屋四面都有走廊，每条走廊彼此连通，称“走马转阁楼”。南北为正屋，东西为厢房，房屋后墙不开窗户。门枋上有雕花镂纹。底楼东边和西边靠右角分别留通道，即两个进出通道在对角线上。上面有哨楼。最有特色的是院子中间的平地用麻条石铺成，全是石匠精心开凿出来的石头，长方形，三四十厘米厚，顶面打磨光滑，两块石板之间的缝用桐油调生石灰紧黏。院中石板地坝（屋前平地）有 500 多平方米，便于晒粮食蔬菜，也便于打扫卫生，平时还是小孩的乐园，在那儿玩耍既干净又安全，久而久之，石板磨得光滑锃亮。

砖房　兰英村除了混合天井屋用了火砖以外，其他几乎不用火砖，原因是火砖生产成本太高。而从 1999 年村中公路通了以后，陆续有村民从外面运回水泥砖，开始建砖结构的房屋，一些土木结构的瓦房相继消失，不过在交通不便的松花石等地方还保存有完好的土墙瓦房。

2014 年，兰英村将提升乡村旅游服务水平融入新农村建设中，在公路沿线和周家坪、兰坪的集中聚居地进行房屋装潢。在扶贫政策的支持下，全村掀起建水泥砖房的热潮，全年新建砖楼 100 多座，村中 50% 的家庭住上了砖房，人均住房面积 28 平方米，全村住房条件大为改善。

峡谷小路
王常林　摄

拱桥　代纯明　摄

行　在 1999 年经过兰英村的西红公路建成通车以前，兰英村人出行都是靠两条腿，从阴条岭翻越兰英大峡谷进巫溪县城，下谷 15 千米，上谷 15 千米，两头还要各走 15 千米，即便是走得快也需要十几个小时，往往天不亮出发，天黑才走得到。尤其是热天，峡谷里气温高，走路时一步一滴汗，不一会儿衣服就湿透了。那时大多数人进城还要身负重物，把土特产背进城售卖，再买回生活必需品背回家，艰苦程度可想而知。兰英村人就是凭双腿、凭意志进出大峡谷的。1999 年村里第一条土石公路通车，迎来了兰英村人出行的历史转折点，村民终于可以坐车进出大峡谷了。随着 2006 年挂壁公路的开凿通车、2012 年巴岩子河到燕坪的土石公路建成，兰英村民出行更加方便了。

三轮摩托车　吴健　摄

汽车　吴健　摄

1999 年 6 月 10 日，兰英村第一条土石公路通车，兰英村举行了隆重的通车典礼，有村民专门买了一辆摩托车，车前系大红花，从外面骑回来参加通车典礼。这也是兰英村第一辆摩托车。摩托车最适合跑山路，价格相对便宜，驾驶简单，是兰英村人首选的代步工具。至 2017 年，兰英村有摩托车 297 辆，超过了户数。

2000 年 10 月，兰英村人拥有了第一辆四轮小货车，长安牌，可以坐 4 人。车主是兰英村最早的营运货车司机。至 2005 年，兰英村有 3 辆载货、载客的长安牌系列车。2010 年，兰英村有村民购买了第一辆小轿车。至 2017 年，全村有 15 辆小轿车。

绕绳公路　　李朝元　摄

钉牛 代纯明 摄

花背 代纯明 摄

钳子斧头 代纯明 摄

用

兰英村人的日常用具包括生产工具和生活用具，数量很多，较有特色的有吊锅、钳子牦牛（一种砍树的斧头）、钉牛（一种拉木头的工具）、铜罐、钉耙、挖锄、薅锄、担水桶、扁桶、木瓢、木碗、木猪槽、背叉、弯刀壳子、板壁床、小板凳、囤箱、老人椅、脚盆、脚背篓、花背篓、囤子、响竿子、栅栏、巴折子、竹刷子、鸯筐、拖撮、大播子等。

吊锅 代纯明 摄

吊锅 吊锅，又名鼎罐，铁质。在屋内一角挖一个直径50 ~ 70厘米、深约30厘米的火塘坑，同时在火塘正上方梁木上悬一根粗木，在粗木上吊一个梭钩，梭构有铁制和木制两种，可升降。将吊锅挂在梭钩上，火塘里烧柴火，家人或来客围坐四周，烤火闲侃。吊锅可烧水、炖腊肉、炕土豆或蒸红薯，方便实用。

东乡人留在兰英村的“东乡吊锅”，至今许多家庭还在使用。东乡吊锅以“圆”为特点，锅口圆形，锅盖自然也是圆形，锅身圆柱形，锅底是半球形，无平底，放置时，须在下面垫一个特制的篾圈。人们往往一边烤火一边就把饭菜煮熟了。

农具 兰英村的钉耙、挖锄、薅锄等农具与其他地方不同之处在于锄面与锄把形成的角度大，大约在70度以上。

扁桶 扁桶为木质，底和盖为椭圆形，有大有小，盖子是活动的，可以完全拿开，高约1米。内外皆用生漆漆黑。扁桶容积大，可保存干粮食，因用生漆漆过，不生虫害。

弯刀壳子 兰英人进老林，离不开弯刀，但弯刀拿在手上不方便，也不安全，于是就做一个木质壳子，即在一块20厘米长、15厘米宽的木段背面挖一个能插放弯刀的缝隙，缝隙能卡住弯刀把儿，不让弯刀脱落，两头钻孔穿棕绳系在腰间，不影响手脚行动，要用刀时，反手取下刀，用毕放回刀壳子。

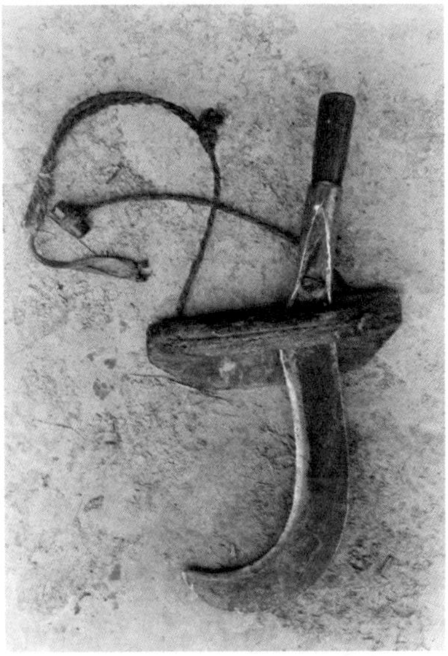
弯刀壳子 代纯明 摄

板壁床 兰英村的板壁床是在高脚床三面架板壁，床顶也用木板封盖，只留外面上床的一方为空。这种床有很好的隔潮保温效果，一般是老年人睡。

老人椅 兰英村的老人椅有两种：一种叫圈椅，用木条弯成靠背和肘扶，有四个支脚；另一种叫树椅，直接找一截大树，挖成圈椅形状，背能靠手能扶，树截面落地，既牢固又稳当，老年人坐着，打瞌睡都不会跌倒。

脚盆 兰英村的脚盆分大脚盆和小脚盆，木质，大脚盆比小脚盆大1/3。男人在大脚盆里洗澡洗脚洗衣服，女人在小脚盆里洗澡洗脚洗衣服，男女不混合。

囤子 囤子是兰英村人储藏粮食用的，用粗篾条编制，大小根据需要而定，编大的囤子一般要用250千克竹子。囤子上面盖席子。囤子通风通气，粮食不发霉，同时可预防鼠害，家鼠不咬竹器。

响竿子 兰英村的响竿子是将一根竹子的一头划成数块，另一头不划，用手拿着未划开的那头，将划开那头在地下击打，发出“咵咵咵”的声音，用以赶鸡。鸡听到这个声音，立马就跑开了。

巴折子 兰英村的巴折子是人们常用的东西，一般用大竹篾条编织而成，长3米、宽1.5米，长方形，用来晒食物很快就干，因为巴折子有空隙，上面晒太阳，下面通风。兰英村经常用巴折子晒土豆片、红薯干、萝卜干、香菇、木耳、四季豆皮、辣椒等。

巴折子晒菜果　　刘词平　摄

背上耷筐　　代纯明　摄

耷筐　耷筐就是大箩筐，兰英村人用其装运火粪，一次能装50多千克。收获庄稼时，可用耷筐往家里运粮食。耷筐可以用背篼（背篓）背，也可以直接扛在肩上，反手抓住。

拖撮　兰英村民种田，要把肥料从山脚和畜圈运到田间，这时需要用拖撮。先用篾条编织一个大撮箕（簸箕），再在撮箕下面绑三根木条，用一根拖绳拴在前面，用力拖撮箕就跟着人走了，非常省力。

大擂子　大擂子就是很大的石磨，兰英人用它磨玉米面，虽然要力气大的一人或两人才能推动，但压得碎，吞吐量大，节省时间。2000年后，村中部分大擂子被电动粉碎机取代。

电器　改革开放以后，家用电器陆续走进兰英村普通农户家。20世纪80年代初，兰英村通电区域有村民购买了简易的电烤火炉。1994年村内引进了第一台电动粉碎机，此后粉碎机在全村普及，免去了村民人工推磨的辛苦。外出打工的村民带回的电饭煲、电

大擂子上扇　　代纯明　摄

大擂子下扇　　代纯明　摄

彩电　　吴健　摄

新式家居　　吴健　摄

炒锅也受到了大家的喜爱。1997 年后，村中可用天线接收不稳定的电视信号，村中始有黑白电视机。电视信号改进后，彩色电视进入村中。2012 年广播电视村村通工程在兰英村实施后，彩电在村中普及。峡谷里天气热，家家买了电扇、电冰箱或冰柜，部分村民买了空调。

新式家具　2005 年后，兰英村人开始使用新式家具，包括沙发、床、床垫、组合柜、茶几等。一开始是请外地的木匠现场制作，第一次到兰英村制作沙发的师傅就做了十多套，深受村民欢迎。现场做的家具，老人们看了十分惊奇，如床去掉了以前老式床的四个支脚，直接放在地上。现在家具不再请师傅现场制作了，一般都是从市场上购买。随着房屋建设越来越现代，兰英村室内家具也越来越高档。2014 年后，50% 的村民用上了新式家具。

◉ 家庭组成

组成形式　兰英村一般以青壮年男子为户主，以夫妻为核心组成家庭，上有老，下有小，三四世同堂普遍。所谓“树大分杈，人大分家”，弟兄大了娶了媳妇就要分出去，另立门户，但有赡养父母和岳父岳母的义务。其实兰英村人身体好，80 多岁的老人还能自食其力。女孩出嫁了，对公婆要尽赡养义务，对自己的父母也有赡养义务。如果一对夫妻没有儿子只有女儿，就招上门女婿，由女儿、女婿赡养，同样女婿也有义务赡养自己的父母；如果无子女，就抱养一个养老送终。对于无人照顾的残疾人、终身未娶也未抱养的老人，属于国家五保户，集中到乡村敬老院由专人看护。

兰英村年轻人　　　　吴健　摄

家风家训　兰英村家庭和睦，上慈下孝，年轻人尊重老人，讲究“顺者为孝”。家族有传统家风家训，如向家祖训为“诚信不欺，一诺千金，谨慎为人”；姜家祖训为“口稳、手稳、身稳”；郭家祖训要求进取，老人常对年轻人说“只准前进不准退，退了一步枉为人”。这些家风家训都能从正面影响人，是兰英村传统文化的组成部分。

◉ 社会保障

兰英村民风淳朴，一直有互相帮助的习惯，救急救难时大家更是会毫不犹豫地伸出援手。在社会生产力水平低下、社会保障体系缺乏的过去，村民自发的相互救助维系了相对稳定的社会秩序。新中国成立后，村民开始享有基本的社会保障，兰英村五保户由集体供养，少数贫困户每遇春荒冬寒，缺吃少穿，各级组织会及时给予照顾，保障其基本生活。

五保　新中国成立后，兰英村凡是女满 55 周岁，男满 60 周岁的孤寡老人都被列为五保对象，由村集体负责供养，安排专人负责五保户日常生活，根据工作量大小对照顾老人的村民给予工分补助。五保户死后其财产归集体所有。改革开放以后，兰英村五保户由各农村社区供养。2001 年合村以后，兰英村有 12 户 14 个五保老人，10 人由乡敬老院集中供养。至 2017 年，全村有 12 个五保老人，其中 8 个在乡敬老院集中供养，4 个在村内分散供养。

低保　自 2007 年开始，兰英村落实农村最低生活保障（简称低保）政策，全村有 21 人享受低保政策，保障金额每人月均 50 ~ 80 元。此后因低保政策调整，享受低保的人群逐年扩大，保障金额也不断提高。至 2017 年，全村共有 51 户 116 人享受低保，全年保障金额 25 万元。

优抚 新中国成立后，兰英村的义务兵由村集体给予记工分补助，改革开放以后由国家发放优待金。自 20 世纪 90 年代始，国家对抗美援朝等参战退伍老兵发放抚恤金，2008 年发放范围扩大至带病退伍伤残军人、伤残民兵。2011 年，对年满 60 周岁的退伍军人开始发放抚恤金。2017 年，兰英村参战援外退伍军人 2 人，抚恤金每人每月 360 元；伤残退伍军人 3 人，抚恤金每人每月 365 元；享受退伍军人老年生活补助 2 人，每人每月补助标准根据服役年限而定，原则上每服役 1 年每月补助 15 元。

新型农村养老保险 2009 年，兰英村开始实施新型农村养老保险政策，兰英村首批有 114 人缴费参保。同年国家开始发放 60 周岁以上老人基础养老金，标准为每人每月 80 元，兰英村有 81 人享受老年生活补助。2012 年，国家将农村养老补助标准每人每月提高了 15 元。年满 70 周岁的高龄老人每人每月可领 105 元。2017 年，兰英村享受国家养老补助的老人共有 105 人，其中 80 ~ 89 岁的 13 人，90 岁以上的 3 人。

◉ 精准扶贫

新中国成立后，巫溪县、兰英乡两级民政对兰英村缺衣少粮的贫困户实施救助行动，救助年年进行，有救济款、救济粮、救济衣、救济被子等。1955 年，兰英村 40% 的人口接受救济，成为历史最高峰。1990 年，兰英村基本解决了温饱问题。21 世纪以后，特别是中共十八大以来，兰英村牢固树立既要金山银山也要绿水青山、绿水青山就是金山银山的理念，扶贫开发与生态保护并重，努力实现生态美、产业兴、百姓富。

贫困户建卡 1985 年，兰英村的贫困户开始立档建卡登记。经村民推荐，村干部核实报乡审批后，符合条件者成为建卡贫困户，享受国家的扶贫政策，如医疗补助、教育补助、建房补助，可使用扶贫资金发展多种经营。兰英村首批建卡贫困户 200 户，845 人。建卡贫困户不是固定不变的，一些脱了贫的不能再建卡，新出现的困难户要建新卡。1987 年兰英村建卡贫困户 185 户，805 人。2007 年 1 月，兰英村成立贫困户建档立卡评审小组，学习相关政策，统一标准，加大对建卡贫困户的评审工作；对绝对贫困户人口和低收入人口认真摸底，杜绝优亲厚友现象；具体标准是 2005 年年末人均年纯收入低于 683 元为绝对贫困户，人均年收入在 684 元至 944 元为低收入户；全村绝对户人口控制为 120 人，低收入户控制为 210 人。2011 年，对建卡贫困户实施动态监测管理，根据其年收入确定是否脱贫。2014 年国家新一轮贫困户建档立卡，人均年纯收入 2986 元以下的户为贫困户，全村有 66 户 241 人。2015 年，兰英村因病致贫户增加 1 户 4 人。2016 年为了达到“两不愁”（不愁吃、不愁穿）、“三保障”（住房、就医、上学有保障），又新增建卡贫困户 24 户，同时清理 1 户，全村建卡贫困户为 100 户 368 人。2017 年，兰英村因重病致贫 3 户 8 人，全村建卡贫困户为 103 户 376 人。

贴息贷款 1987 年 4 月 4 日，巫溪县下达第一批扶贫项目专项贴息贷款，其中兰英村分配 6000 元，30 户人获得贷款，用于药材种植和经济林种植。此次贴息贷款使兰英

背烟叶　　　　李磊　摄

村的药材种植普遍发展起来，1990 年兰英村人均年收入 400 元，解决了温饱问题。此后，政府对种养业规模户实施贴息贷款，至 1995 年，兰英村种养规模户共享受政府贴息贷款 16 万元。1997—2012 年兰英村发展烤烟，前期生产成本由银行贷款，县烟草公司贴息。15 年之间全村平均每年贷款 15 万元，农民烤烟年人均收入从 700 元上升到 3400 元。2014 年后，巫溪县对所有贫困户产业发展实施政府贴息贷款，户均 5 万元。兰英村贫困户建房可以申请贷款，由县扶贫办贴息，至2017年10月，全村建房贷款累计达110万元。

项目增收 2010 年，在巫溪县、兰英乡政府的领导下，兰英村实施三年项目增收工程，成立了以村支部书记为组长，村主任和驻村干部为副组长，其他村社干部为成员的农户项目增收工程实施领导小组。依托扶贫政策，确定了以烤烟、山羊、土鸡为主的增收产业。要求党员做项目增收工程的实践者、宣传者、监督者、服务者。巫溪县畜牧兽医局对兰英村给予了项目扶贫资金补助，山羊每只补 100 元，土鸡每只补 10 元。兰英村在养猪、养山羊、养鸡、种烤烟、品种改良、发展药材、种板栗、种香菇等八种农户增收模式上下功夫，建立了农户增收详细台账，做到心中有数。为农户一次性编制三年增收计划明白卡，张贴到农户家门口。建立互助合作小组 5 个，新建专业合作社 1 个。发展小规模大集群土鸡养殖户 100 户，发展种草养羊 20 户，新增生猪养殖大户 5 户。实施土地流转 100 亩，带动全村农户项目增收，落实烤烟种植 500 亩，全村达到羊饲养量 2500 只，出栏 1000 只，年末存栏 2500 只；家禽饲养量 1.5 万只，出售自食 1 万只，年末存栏 1 万只；生猪 510 头，出栏生猪 480 头，年末存栏 30 头；发展林下种植香菇 20 亩，发展药材种植 1000 亩。

2011 年 10 月，兰英村项目增收工程山羊项目通过了巫溪县扶贫开发办项目计划科办公室、县畜牧兽医局等单位的检查验收。同年，全村确定增收 1 万元的产业规划农户 100 户，1 万元以上的农户 20 户，增收 3500 元以上的农户 150 户。新建生产及销售一体化的种养业类新型专业合作社 1 个。全年发展小规模大集群土鸡养殖户 100 户，种草养羊 20 户，生猪养殖规模户 5 户，烤烟种植规模户 5 户。全年策划启动建设增收工程招商项目 1 个，改造项目 1 个。

2012 年，兰英村立足资源优势，重点发展烤烟、山羊、土鸡三大主导产业，全村种植烤烟 1000 亩，产烟约 150 吨，均价 10.97 元，位列全县第一，达到历史最好水平。积极探索林下种草养畜、林下种药、林果发展（核桃、板栗）等多种复合型发展模式，新增中药材种植面积 400 亩（其中贝母 20 亩），新发展山羊规模养殖户 86 户。村社干

贝母种植　　王常林　摄

部、产业规模户、科技示范户分别带动两户以上贫困家庭，从资金、技术、项目上具体帮扶；动员有能力的外出务工人员返乡创业，带动亲朋好友上项目；同时动员村外工作人员或经商人员有力出力，有地出地，支援家乡项目增收工程。全年完成增收规划 33 户，规划户覆盖率达 100%。

兰英村项目增收工程实施三年以来，成功实现户均增收 12355.14 元，人均增收 3426.25 元。共获得项目增收工程扶持补助资金 43.9 万元，其中巫溪县扶贫开发办公室提供发展养殖资金 3 万元，县畜牧兽医局下拨养殖圈舍补助资金 40.9 万元。

高山生态扶贫搬迁 高山生态扶贫搬迁是易地扶贫搬迁的一类，是新时期扶贫工作的一项新举措，是从根本上解决一方水土不能养活一方人的有效途径。2005年，兰英村“五不通”（不通路、电、水、电视、网络电话）穹远户76户人，根据高山移民政策，组织村社干部将这些户的耕地、林地、宅基地进行核实登记，完成了搬迁的基础工作。

2007年5月，兰英村向兰英乡呈报2008年易地扶贫搬迁项目建议书。建议将兰英村住在高山深林里的21户人首批搬迁到海拔1000米以下的地方居住，采取梯级就近插户与集中统一安置相结合的移迁方式，坚持本人申请，村乡核实，统一规划，上级审批，国家补助与自力更生相结合的原则，搬迁户自筹一部分资金，国家扶持一部分资金。2008年6月，兰英村正式启动易地扶贫生态移民工程。同年，兰英村落实了巫溪县计划委员会批准的21户84人的易地扶贫搬迁对象。

2012年，重庆市出台了对高山移民户进行帮扶的政策，新增了系列惠民措施，例如高山移民户如果选择有土安置的搬迁方式，市政府将保证其继续拥有不低于0.5亩的基本口粮田；如果选择了无土安置，也将得到一系列优惠政策，包括新建房用地免收一切费用（除使用国有土地和占用耕地外）；免收建房相关费用，减免房屋买卖交易契税等税费；减免闭路电视入网费和用水入户费。2014年5月，兰英乡政府印发《兰英乡高山生态扶贫移民集居点土地调剂专项治理方案》，按照“农户申请、群众评议、村级审查、乡镇核准、张榜公布”的要求，确定搬迁对象。在资金补助上根据实际情况严格按照标准执行，村负责调剂好山林、耕地、菜园、宅基地，相关部门在办理相关手续和收费上给予优惠和优先。全年兰英村完成高山生态扶贫移民搬迁17户57人，涉及补助资金34.2万元。

2008—2017年，兰英村共实施高山生态移民搬迁落户55户182人。分别搬到本村、西安村、通城镇、县城等地居住。

整村脱贫 兰英村地处峡谷高山，基础设施较为薄弱，贫困面大，贫困人口多，2014年，兰英村被巫溪县确定为整村脱贫村，全村286户1006人，有建卡贫困户66户241人。为了提升贫困户的素质，兰英村村委会开展了集中宣传培训活动，请驻村扶贫工作队围绕产业扶持、看病就医、扶贫搬迁、危房改造、教育资助等问题，召开政策宣传院坝会15次；请县级帮扶单位巫溪县人力资源和社会保障局在村内开展了贫困户政策宣传及素质提升培训；利用阳光工程、雨露工程等农民培训平台，组织青壮年劳动力参加各类技能培训8次。为加大医疗保障力度，为建卡贫困户购买了人身意外伤害保险

（70 元 / 户）、合作医疗保险（110 元 / 人）、大病医疗补充保险（18 元 / 人）。按照 100 元 / 人的标准为一般贫困户家庭及个人购买了五大保险（大病医疗补充保险、人身意外伤害保险、农房保险、贫困学生重大疾病保险、疾病身故保险）；组织乡卫生院为贫困群众开展免费健康体检 1 次，为全村妇女开展“两癌”筛查 1 次。为解决“子女上学难”问题，多方面开展教育资助，从幼儿园到大学阶段分别按市县有关标准落实相关资助，全村享受教育资助的学生 102 人，资助金额共 16.2 余万元。

2015 年，兰英村整村脱贫工程全面展开。成立了以村支部书记任组长的扶贫攻坚领导小组，建立目标管理责任制，通过多次召开群众会、驻村干部走村串户和群众工作信息平台、党务村务公开栏、宣传专栏、标语等进行广泛宣传。兰英村村委会按照精准扶贫政策要求，在村民代表会议上，对全村困难户进行了重新精确识别，确定精准扶贫户

晨曦　　谭子华　摄

57 户 246 人。经在全村公示，扶贫户全部符合政策标准。在开展精准扶贫工作中，县、乡、村干部采取“一对一”帮扶办法入户走访，调查贫困户家庭困难情况及致贫原因，根据不同情况制定详细帮扶措施。帮扶人定期每月至少两次对贫困户进行跟踪走访、慰问，及时了解贫困户家庭阶段性困难，落实具体帮扶措施。同时重点发展烤烟、药材、养殖三大主导产业，覆盖全村 80% 的贫困户。每个贫困户有 1 ～ 2 项种植、养殖、生态农业等增收项目。全村贫困户产业实施情况：中药材种植面积 190 余亩，前胡种植 90 亩，涉及建卡贫困户 12 户；苍术种植面积 88.75 亩，涉及建卡贫困户 31 户；党参种植 3 亩，涉及建卡贫困户 1 户；独活种植 15 亩，涉及建卡贫困户 5 户；桔梗、牛膝等有少量种植。烤烟种植面积 126 亩，涉及建卡贫困户 12 户，户均收入 3 万元。魔芋种植 82 亩，涉及建卡贫困户 57 户，户均增收 1000 元。养殖土鸡 2400 余只，涉及建卡贫困户 48 户，户均增收 1000 元以上。养殖蜂蜜 168 桶，涉及建卡贫困户 11 户，户均增收 1500 元。养殖山羊 158 只，涉及建卡贫困户 6 户，户均增收 1500 元。围绕解决“便捷出行难”问题，修建社级公路 3 千米，硬化 1.4 千米。全年脱贫 9 户 31 人，新增贫困户 1 户 4 人。

2016 年，由乡村干部对贫困户实施“一对一”结对帮扶，为帮扶户制定脱贫方案，争取产业发展资金，实施精准项目开发。在进一步发展产业实现贫困户增收的基础上，大力开展生态移民扶贫搬迁，全年搬迁 25 户 89 人；村内完成贫困户 C 级危房改造 1 户，D 级危房改造 3 户，一般危旧房改造 35 户；新建安全饮水池 2 口共 90 立方米。全年脱贫 41 户 154 人，新增困难户 24 户 82 人。兰英村整村脱贫工作实施以后，在基础建设、产业项目、生态移民搬迁等方面共投入扶贫资金 1100 多万元。

尖山子　　代纯明　摄

艺文　杂记

兰英村优美的风景和原生态的民风民俗吸引了众多文人墨客,《夔州府志》记载唐朝诗圣杜甫的诗《寒峡》,描写的即是兰英大峡谷。兰英村的轶闻趣事、小地名传奇在村民口中津津乐道,增添了与生存环境相适应的动人的人文色彩。

古今诗文颂兰英，山山水水有灵性。
多少轶闻代代讲，故事传说含风情。

◉ 艺文

诗词

寒峡

〔唐〕杜甫

行迈日悄悄，山谷势多端。
云门转绝岸，积阻霾天寒。
寒峡不可度，我实衣裳单。
况当仲冬交，泝沿增波澜。
野人寻烟语，行子傍水餐。
此生免荷殳，未敢辞路难。

兰英大峡谷

华万里

兰英大峡谷，我绝不为你
撕天裂地地嚎叫

苍岭雪霁　　刘韧 摄

也不捶胸顿足地大哭

我来看你
我来抖开身体中的声声鹰鸣

这不是莽莽苍苍的疑问

而是一次灵魂之旅
而是一次青峦千仞、云烟万叠的面对

我在感叹：这么大的峡谷
为何而设？为谁而设？为什么
偏偏出现在兰英村

难道兰英村人胸怀博大
才能领略这般磅礴的峡谷

难道兰英村人不适于平原生活
难道兰英村人非要在崇山峻岭之中突围
把大峡谷
当成练兵的重重封锁

我真想伸出手去
抚摸一代一代绝壁的冷峭

抚摸让感叹悬垂而下的瀑布

而暮色四合
大峡谷如同生铁浇铸

我的衣冠楚楚
我的诗词如虎
怎敢辜负这个群山夹道欢迎的下午

我想到了引我来看大峡谷的人

想到了，轻轻地
说出：兰英大峡谷，除了壮志

除了风声

我还能热爱什么
我还能抚摸什么……

兰英瀑布　　代纯明　摄

重九上兰英

邓忠孝

重九上兰英，秋高气蔚蓝。
遥瞻千里目，频眺百川颜。
云雨巫山岫，江楚阡陌田。
长林掩古道，两省界梁边。

游兰英

陈启知

且将冗繁抛一边，重九登高惊层颠。
盘旋逶迤崎岖路，驰骋扶摇氤氲间。
葱茏嘉树苍千里，灿烂娇花焕九天。
日丽神怡秋韵秀，当临绝顶勇登攀。

游阴条岭

陈文龙

云岩飘玉带，峰插九重天。
溪源公母河，林亘渝鄂边。
恍若浮沧海，飘然览大川。
花簇集金谷，美哉一乐园。

兰英挂壁公路纪游

徐雷

一路高悬鬼神惊，
挂壁蜿蜒托流云。
樵夫遥指洗马处，
犹感剑气舞兰英。

阴条岭草场水池　　苏长杰　摄

兰英村遇雨

舟自横

那天，我们走进去，唯一的兰英村
空蒙得像一座废弃的音乐厅
手风琴、架子鼓和黑管恰似刚刚搬走
一只没有伴奏的野鸡，像一段别离
在某个淋湿的音节，以沉默的方式
宣示存在

很多场景也没有预设，风去了远方
在背离与坚守之间，大面积的云
游离不定，像一些还没有拆下的幕布
保留着对灯光与音响的忠实

一种安静，覆盖在寒冷之上，覆盖在

那些苍翠和偶尔抬起头来的山峰之上
这个时候，我们在里面行走
就像一群陷入乐谱的人，把自己放弃
把一些称着高大的东西放弃

而台上台下，那场雨还在进一步预谋
难道它要征服一座峡谷的声音？

蝶恋花·兰英好

汤流富

峡谷高深峰耸峭，道路崎岖，险峻山坡绕。天际湛蓝阳光耀，小溪清澈空气好。
四季风光真妖娆，春绿秋黄，红叶初冬俏。过去宣传邀请少，明珠遮掩难知晓。

散文

青岩河见闻

易继魁

青岩河，是巴岩子河的上游。要想进去，得攀藤上岩，脱了裤子过潭，走“丢命沱”“舍命滩”，爬“阎王鼻子”“鬼门关”。荒野阴森神秘，既让人害怕，又引人神往。

1985 年 4 月上旬，公路修到青岩河。我去了——也许是第一个乘车去的。

汽车翻过张家垭口，只见高山深谷，重峦叠嶂，公路横穿在大山腰，像是绕着的一条带子。沿途四十余里，景色各殊。你瞧，巴岩子河畔一座山峰拔地而起，单薄的山脊刀劈般整齐，灰白色岩壁上点缀着苍松古木。公路上方一匹山梁，壁陡如墙，高数十丈，有古道直通山顶，名曰“南天门”。过一山弯，悬崖上有一天然圆洞，从中透视蓝天，形同皓月。河东岸的“龙王岭”，逶迤绵亘，如巨龙横卧，公路从“龙脊”穿过，绕一大弯转到“龙背”。站在公路上仰望峰顶龙头，见一组石林玲珑剔透，有如盆景，三根“石笋”参差不齐，中一“石人”端庄秀丽，呼之欲来。

到了青岩河，这里峡谷幽邃，气象森严。时值初夏，两畔桃红李白。海拔 2500 米的山腰冷杉林中，还披着皑皑白雪。也许是因森林植被的缘故，沿河岩壁到处渗出泉水，有的飞瀑訇吼，有的细流咽噎。奇特的是河段中部有个叫“水公”“水母”的地方：

一水出自北山断壁上，一水源于北岩陡岩间，水质清澈晶莹，长年不竭，相向流来，合做一溪，哗哗作响，如珠落玉盘，优美悦耳。

河谷两边的森林为阔叶混交林，有麻柳、桦木等好几十种，大多树大根深，枝繁叶茂，高达二三十米。还随时可见一种被誉为“中国鸽子树”的奇珍树木——珙桐。这种树在北岸观音碥竟发现一大片，有100余株，实属罕见。我们还见到有株猕猴桃树，搭在一株约30米高的大麻柳树上，藤身周长51公分，若不是下部老藤上长出几根嫩枝，叫人根本想不到那是猕猴桃。在梯子槽山边，一棵“九把斧”直径竟达1.4米，树丫上还有个老熊窝，令人惊骇。同时我们也心痛地看到，不少树木长期以来自生自灭，成了枯枝朽木，腐质堵路塞沟，深达尺余。

1984年我就听说青岩河有座蛇山，人迹罕至。这次我们去了。蛇山森林茂密，

冷水沟　　山木　摄

后河　　　　余海中　摄

山脊油松苍翠，山坳桦木高大，林间夹杂着灌木、蓼竹，植被绿厚，岩上不见石，地上不见土，地面全被苔藓覆盖，显得格外的阴暗潮湿。我们从漆树上被割过的口子判断，这里还是有人来过，并非蛇的“独立王国”。

穿过蛇山来到熊家屋场，进入华山松林带。华山松在白果林场共有 3.7 万多亩，积材 11 万多立方米。树高而直，木质细而密。可有些遭了虫蛀，大面积枯死了。在屋场周围就可见到大量的华山松死去，有的叶落枝枯，有的皮脱冠秃，有的腐朽委地，真可惜！据林场的同志说，全场华山松枯立木在 5000 立方米以上。现在我们修林区路，就是要开发过熟的华山松木，挽救这笔可观的财富。

青岩河两岸的高山上，生长着成片的冷杉林木，共有 7000 余亩，积材 7 万多立方米。有些冷杉单株积材就在 10 立方米以上。这些地方也是动物的“自由王国”，林中到处有老熊和苏门羚出没的痕迹。最近还有人见过熊猫，更是一大奇迹。去年八月的一个雨天，修路民工肖庆红，无意中见一头黑乎乎的动物在龙洞沟饮水，忙呼同伴看，见其形状，很像“巫溪火柴”商标上的熊猫。后来又有人在龙洞沟右侧的密林找到不少熊猫爱吃的蓼竹。我们想，白果林区的地理位置、自然条件跟神农架相差无几，历史上曾有熊猫生活的遗迹（在邻近的红路乡发现过熊猫化石），看来这一带有熊猫亦不足为奇。

青岩河又是一个天然的大花园，木本、藤本和草本花上百种。五月初我们再到林场，刚入龙王岭，就置身于花的世界。满山火红的、紫蓝的、雪白的杜鹃争芳竞妍，使人心旷神怡。在蛇山附近有株杜鹃，根部粗 64 公分，分枝 10 余条，冠圆如球，紫花簇簇，鲜艳夺目。有人估计，此树年龄已逾百年。

在青岩河考察实在不易，攀峰爬壁，涉涧过潭，还要时时提防野兽的侵袭。这使我不由想起长年累月生活、战斗在这里的 10 多名林场工人，他们要看护这 12 万多亩大面积的林场，居住点别说离城远，就是到场部也要走几十里山路，其艰辛孤独叫人无法想象，我们的确应该感谢这些默默无闻的森林卫士呀！

走过生命里的兰英大峡谷

王常林

我家住在重庆市最高峰巫溪县兰英乡的阴条岭下，这里是神农架原始森林余脉，属国家级自然保护区，地势为高山台原，饱满的山峦之间是坦平的高山草场。阴条岭草木繁盛，云蒸霞蔚，鸟语花香，野人出没，委实是我童年的乐园。但小时候总有走出山林的梦想，便有努力学习的经历，终于在 1982 年以全区第一的成绩被巫溪中学录取。这可是山里的大事，有史以来没有人到县城读过书，一个村的人都来祝贺，喜形于色，但父亲经过深思熟虑后的决定令人大失所望，因拿不出学费来只好放弃我的学业。而村里的人经过酝酿过后，纷纷献出了爱心，拿来那些让人感动的角角分分，凑足了 20 元整，让父亲送我上学。

上学之路异常艰险，遥远而坎坷，最难逾越的就是兰英大峡谷。之前我从没见过这样的天堑巨壑，被深谷、绝壁、峭岩、雾岚等无限震撼，同时又无限恐惧，腿不停地打颤。我和父亲止步于峡谷之巅，父亲指着对岸说："要下到谷底再爬上山顶，这就是'看得到屋，走得哭'。我看还是不去读了吧，读书是峡谷那边人的事。再说你是老大，在家做活路，我们家庭负担就小了。更重要的是家里没有经济来源，这学期别人帮了，难道下学期还好意思要人帮吗？"我被说动摇了，坐下来，看着远方，艰难地抉择。父亲在旁长吁短叹。

经过一番思想斗争，梦想的力量最终占了上风。我对父亲说："我不怕吃苦，我要走过大峡谷，到外面去看看，钱用完了就回来，能读多长时间就读多长时间。"父亲说：

峡谷红叶

“要去你自己去，我难得走。”“那你转去，我走了。”我说着，便走进峡谷。

路十分狭窄，很多路段都在刀梁背上，两边是万丈悬崖，每走一步都要非常小心。其实父亲跟在我后面的，不久撵上了我，说：“你一个人走这路我不放心。看你读书的雄心大，那我就支持你，你在学校安心读书，我卖裤儿也要送你读！”好不容易下到谷底，正是太阳当顶晒，知了拉长了声音不停地鸣叫着，热得透不过气来。我们在河里歇息，洗了脸，喝了水，开始爬上坡。谁知河床很高，简直是绝壁，我们已经不是走路，而是攀援，汗水牵着线流。爬上高坎缓冲地带，人已经四肢无力，只好躺在地上休息，刚刚缓过神来，突然感觉饥饿难忍，后悔没有从家里带点吃的。父亲在路旁掐了几根刺苔苔，剥了皮让我吃掉，他也吃了几根，真管用，我们来了精神，继续前进。走上坡需

周维明 摄

要体力和意志。我们到达一段目标后便歇歇。父亲为了鼓励我坚持向上，给我讲起这条路上人们从大宁厂背盐的故事，讲供销合作社运输队背粮背物资的故事，说他们背上背100来斤，上上下下，靠的是各人与各人提劲，一步一步“挨”出来的，不然走不出峡谷。说什么走路“不怕慢，只怕站”。说什么“累不累，想想革命老前辈，苦不苦，想想长征二万五”。父亲说贺龙率红军过兰英大峡谷时，几个红军战士不小心掉落悬崖，尸骨无存。我听了很是感慨，看看落山的太阳，加快了脚步。走出兰英大峡谷时，天已黑了很久，借玄月之光，看到山外依稀的世界，我的成就感油然而生。

从此我和兰英大峡谷结下了不解之缘，不知多少次走进走出，渐渐我发现大峡谷包含了各种元素的美，雄奇、壮丽、险峻、秀美、飘渺、深邃、含蓄、悠远、恬静、高雅、虚幻、神秘、包容、肃静、天籁、充实、隐逸等等，放眼望去，处处皆风景，是画家非身临其境无法企及的山水画，包含了许多人生哲理，自然想起伟人毛泽东“无限风光在险峰”“世上无难事，只要肯登攀”的诗句。大峡谷的秋天是红叶的主宰，满满的峡谷装的是山火、是朝霞、是朱砂、是血染的透过生命的红，观兰英大峡谷的红叶，天下无红叶。峡谷两岸千百年来住着刀耕火种的老百姓，环境让他们进化成矫健的生灵，勇敢且朴实，男的高大壮硕，女的苗条娇艳，一色的帅哥美女，呈现出自然选择的结果。

峡谷人有峡谷文化，且听山歌响起：

号子：对面黄土坡，
时常花儿多。
南山来了个女娇娥，
实在爱坏我。
五句子：同路走来你不提，
分开岔路叹长气，
你是男子羞开口，
我是女子也害羞，
哪有黄河水倒流。

这种“穿号子”可以无数人唱和，声音高亢而优雅，在山谷里闪闪的传荡。

当炊烟升起，峡谷里时不时飘来古老吊锅炖腊肉惬意的香气，直勾起胃的贪欲。

走出大峡谷我没有辜负乡亲们的期望，成了全村的第一个大学生。老乡们开玩笑说："你走那么远去读书，算了没有，多少步才淘一个字？"我笑了，想起走过的生命里的兰英大峡谷，终于没有遗憾。我用我所学的知识，开始关注兰英大峡谷的历史沉淀，翻开古籍和传说，惊讶地发现穿过大峡谷的人有那么多成功人士。平常的人不说，几个有名的人物就令峡谷增辉。三国时的张飞，唐朝时的薛刚、纪兰英，明朝时的八大王张献忠，清朝时的白莲教领袖王聪儿，民国时的贺龙、英国植物学家威尔逊、神兵领袖谢崇德等，他们的生命因为穿过峡谷而精彩。

我总想在兰英大峡谷里修一条"高路入云端"的公路，让乡亲们在坐车越过峡谷时愉悦地欣赏美景，于是用笔到处鼓吹，终于获得政府和企业的支持，解决炸药物资，老百姓自己出工出力修筑公路的机会，从动工到一条简易公路竣工通车，花费了无数人五年的光阴，其中艰苦异常和心酸不可言说。时间定格在 1999 年 6 月 10 日，通车典礼的庆祝山摇地动，我流下了百感交集的眼泪。从此人们告别了一上一下的悬壁上的小路。公路给山区人民带来富裕与文明，阴条岭下的村庄陆陆续续走出来许多大学生。

2015 年国家"精准扶贫"政策实施，兰英大峡谷的公路开始硬化，新的希望在峡谷的每片树叶上跳动。到时兰英大峡谷作为不得不去的旅游胜地，不仅是巫溪的，也是重庆市的、中国的，甚至是世界的。

我的生命、我的成长跨越了兰英大峡谷，而兰英大峡谷的改变见证了祖国走向富强，同样跨越了艰难的深谷险峰。

所以面对来之不易的收获，我们都要以感恩的心态去无比珍惜。

力人

杨林

高耸入云的阴条岭，深不见底的兰英大峡谷，一条若隐若现的踪迹蜿蜒至峡谷再绕到山顶，那就是力人长年跋涉的路。这里的力人是负责进山出山用体力运输货物，满足兰英人日常生活需要的当地农民，在集体劳动时期是一份专职工作。初来乍到峡谷，头顶悬崖，下临深渊，别说走动，睁眼看看也会心惊肉跳，两腿发软！如此险峻之地，力人却能负重行走，脚步稳稳的颇有节奏。这些力人，是履险如夷的大力士，俗称下力的"背老二"，比码头搬运工和城市棒棒军更厉害的"山蛮子"。

20 世纪 80 年代，我们在探寻兰英寨的路上，遇见过力人。之字形的羊肠小道，一会儿绕上山顶，但见怪石嶙峋；一会儿掉进深沟，又浓荫蔽日。山上鸟儿多，有一种鸟好像在喊："嘘雨——嘘雨——"没过多久，真的下了一阵雨！幸亏我们早有准备，带了雨伞。每人还有一根竹棍，主要用来拄路，并惊走虫蛇。刚上路时，大家兴致勃勃，有说有笑，没走多远就力不从心，脚步艰难。特别是那位年轻文弱的女孩，累得上气不接下气，脸蛋都泛出紫晕了。带队的队长赶紧帮她松包袱："莫着急，翻过前面那个垭口，就到啦！"其实啊，不知还有多少个垭口，说个谎只是为了给她打气。有人甩下一串歌声："妹妹呀你大胆的朝前走啊——朝前走——莫回呀头——"女孩确实没回头，扶着竹棍慢慢地爬着走，爬一阵就得停一下，喘喘气。看那疲惫不堪的样儿，调皮的小伙子喊出个有趣的建议："喂，路上有力人嘛，赶快找个力人，把她背上山去！"大家一致笑着赞许："要得！"

说来也巧，就在转弯路口，果然有个力人。他肩负漆黑的力背篼，小口上横绑着鼓胀的麻袋，高过力人的头。他在身后支起一个丁字形的打杵，趁势把背篼搁在打杵上，松下肩膀，稳稳地站着休息，随即喊出一声"嗨——"这声音底气十足，显示了很大的肺活量，喊得山坡都震动了，连对面的山坡也产生了共鸣。趁他歇息之际，我问他累不累。他说，下力就要累得，背百多斤山货，走七八十里山路，哪个不累？不光累得，还要饿得，从这山到那山，望到屋走得哭，老半天搞不成一顿饭。天晴要晒得，遇到下雨呀，还要淋得。山里的天，娃娃的脸，说变就变。荒山野岭，没村没店，只有硬起鸡脑壳往前赶！还有呢，三伏天要热得，数九天要冻得。起早摸黑呀，还要熬得！我们听得头晕。这么多的"得"呀，真是苦命！当我们空手走路还腰酸腿软，屁股冒烟（坐车）还昏昏欲睡的时候，和忍累负重的力人相比，体力耐力还有毅力何止相差十万八千里！

接下来，我们遇见了三三两两的力人。有往山下背"土货"的，有往山上背"洋货"的。上下穿梭，阵阵吆喝，不亦乐乎！望着那体强力壮的身影，我觉得他们不愧是崇山峻岭的运动健将，一路铿锵把崎岖坎坷踩在脚下，从没奢望过什么奖杯与喝彩声和鲜花。他们风里来雨里去，似乎不知劳苦，也没什么烦恼，长年累月负重跋涉，风雨兼程汗流浃背，还乐呵呵的开玩笑，劲嗷嗷的唱山歌。他们如同河道上的纤夫、海浪中的渔民、深井里的矿工，是最能吃苦的人，也是乐观顽强的人。透过他们的劳动姿态和精神面貌，可以粗略感受深山老林里农民的生存况味，从一个侧面领略兰英古村的历史变迁。

时代步伐真快，三十年弹指一挥！自从二十年前兰英有了简易乡村公路，力人的身影就渐渐退出历史舞台，肩挑背磨的劳动方式毅然与世作别。经风沐雨的背篼和打杵啊，既是力人劳苦生活的时代见证，又是他们顽强精神的象征，如今变为稀罕玩意儿，想说再见不容易，未来会成为文物走进博物馆，鼓舞幸福的新时期的人呢！

◉ 杂记

动植物轶闻

林檎茶

（王从科口述　王常林整理）

兰英村阴条岭片区的老林里有种茶树，树上的叶子叫林檎茶。林檎茶泡的茶水有一个特点，就是时间泡的越久越好喝，大热天不管泡多久都不会变质，适合一年四季喝，清凉可口，味道甘醇。传说神农尝百草，在这里吃了一种叫乌毒的毒药，被毒晕了，仰面朝天躺在林檎茶树下面，正好浸泡过茶叶的雨水滴落下来，滴到神农张开的嘴巴里，原来这种茶叶是解百毒的，神农身体内的乌毒被解，醒了过来。他同时发现了两种植物的功效，一种是乌毒有剧毒，能治五劳七伤，一种是林檎茶有解毒和保健功效。现在人们都喜欢喝林檎茶。

林檎茶　　王常林　摄

江边一碗水

（向家国口述　王常林整理）

在兰英村的高山峡谷里，长着一种像荷叶的药草，独茎圆叶，形如小碗，碗边有锯齿，开白色小花；叶中常聚满露水、雨水，能为采药人解渴。这种药草叫“江边一碗水”。相传神农采药时，脚底下的石头松了，哗啦一声，滚下深沟，摔了个半死。等他清醒过来，觉得浑身疼痛难忍，口渴得要命，想喝点水，却又动弹不得。后来他勉强挣扎起来，爬到沟边，只见沟中流水浑浊不堪，腐草烂叶在其中散发出一阵阵臭味，令人作呕。神农叹了一口气，转眼一瞧，但见沟边生长着几棵像荷叶一样的药草。他爬过去一看，里面盛着清亮亮的露水。神农赶忙捧着叶儿一气喝个干净，顿时觉得身上的伤痛轻了许多，恢复了元气。神农大喜，仔细把那荷叶形、开小白花的药草尝了一遍，伤势立刻痊愈。于是，神农就采下这棵救了性命的药草，给它取了个形象的名字叫“江边一碗水”。同时，也记下了它散瘀活血、止血止痛、可治跌打损伤的功能。

江边一碗水　　苏长杰　摄

尖贝

（唐后科口述　王常林整理）

兰英村高山的草丛里，长着一种植物，尖尖的单叶，叫尖贝母，是平贝母的前身。尖贝母能清肺、散热、除痛，常见的止咳药，尖贝母是主要成分。传说有个盐背子得了严重的肺病，不停地喘气，背着一袋盐从巫溪大宁盐厂走到兰英老林，累得再也站不起来，昏睡了过去。梦中，他见到一位白胡子老人对他说：“你的病这里有种药能治好，我教你找，你看，这种草长着尖尖的叶子。”盐背子看清楚了，伸手扯药时，人醒了过来。他连忙四下寻找，果然找到了这种药，尖尖的叶子，根上有一块豌豆大的白色的东西，盐背子找来水，嚼食了两大把，渐渐轻松起来，便索性在这里待了几天，连续服药直到康复了才继续赶路。第二次来的时候，他带来祭品，感谢梦中的白胡子老人。

起死回生草

（王从之口述　王常林整理）

兰英村阴条岭片区有一种起死回生草，一直被当地人视为神秘草，相传人找不到，而蛇找得到。

过去有师徒两人在山上割漆，徒弟不小心从树上摔了下来，伤势惨重，鼻孔里没有气了，像死了一样。师傅摸了摸徒弟的心窝，发现还是热的，决定不放弃，要找起死回生草救徒弟。

师傅先找到一条蛇，把它捉住，用竹竿打成重伤，然后放掉。再悄悄在后面跟踪，蛇爬进草丛，用蛇芯子到处闻。一会儿，蛇不动了，好像在吞吃什么。师傅赶快把蛇再次捉住，果然发现蛇在吞吃一种丝毛草叶，这叶子细得像头发丝。他取了草叶，找水把草叶灌进徒弟的肚子里，很快徒弟有了气息和脉搏，渐渐苏醒过来，捡回一条性命。

烂草黄

（向家凤口述　王常林整理）

兰英村的人常常提到一种动物叫“烂草黄”，实为华南虎，凶猛异常，能吃野猪和公牛。村民说一虎有三彪，彪的个头像猫一样大小，跑起来像射箭。只要有烂草黄出现，三个彪肯定出现。烂草黄睡觉时，三个彪在三个方向放哨，烂草黄抓猎物时，三个彪先上。吃东西时三个彪先吃，烂草黄后吃。相传有个猎人把一头猪抹了毒药后赶到森林里，猪被三个彪咬死后吃了几口，然后彪就发出几声短短的叫声，倒地死了。烂草黄顿时惊觉起来，闻着猎人的气味就追了过去，猎人猛跑，烂草黄猛追，一路上咬死了猎人的三只猎犬。猎人及时赶回家，关了大门，一家人躲在屋里不敢出来。烂草黄在门上又抓又咬又撞，一天一夜后，烂草黄终于安静下来，坐着不动了。后来猎人发现烂草黄已经死了，只是虎死不倒威。老一辈人说虎是自杀的，彪在虎在，彪死虎亡。20 世纪 80 年代末，烂草黄在人们的视野里消失了。

会说话的画眉

（孔凡孝口述　王常林整理）

兰英村的画眉鸟，叫得十分动听。有一天，人们在一起讨论，说画眉鸟的舌头能转弯，可以发出各种各样的声音，如果教它说人话，它也有可能会说。于是有人捉来画眉鸟，先喂它灵檎茶水，让它变聪明，与人一天天熟悉起来。接着在喂它食物时，教它说话，反复教，画眉就开始模仿了，实际上它并不费力，一模仿就会。久而久之，这个画眉能与人交流了，学会了说人话，人们把它放归自然，但它常常回来找人说话。有一次它对人们说：“马上要来洪水，快往高处走。”大家听了它的话，迅速转移。后来山洪暴发，淹了房子，却没淹死人。这只可爱的画眉鸟临死时，一一向人们告别，大家都很悲痛。

画眉　　苏长杰　摄

黑熊　　　　苏长杰　摄

熊瞎子板膘

（孔祥兴口述　王常林整理）

兰英村有狗熊，老百姓称熊瞎子。它并不瞎，只是看起来脸上一团黑，像没有眼睛似的。狗熊爱吃，长得膘肥体壮，它会玩一种游戏，就是爬上大树顶端后，手一松，“嘭”地掉下来，摔在地上，像一团肉球，翻身起来后又往树上爬，又摔，再爬，再摔，乐此不疲。老百姓说它是油胀、膘胀，其实是在板膘，越板它越舒服。如果你看到了狗熊板膘，那一定是件有趣的事，但千万不要以为它摔死了，靠近它还是十分危险的。

狼道

（王从山口述　王常林整理）

相传以前有人在兰英村的山林里迷了路，从一座山峰爬到另一座山峰，总是找不到下山的路，天渐渐黑了，各种动物的叫声此起彼伏。迷路人正准备找地方过夜，这时一只狼像狗一样走到他的身边，摇头摆尾表示亲近。接着狼带着迷路人往山下走，如果迷路人不走，狼就咬着他的衣服往下拽。跟着狼，迷路人很快就下了山，找到人家过夜，第二天经主人家指点，找到了回家的路。所以说，如果迷路了就跟着狼道走，成了山民的一大经验。狼道救人的故事，常常有人讲。

长尾雉鸡　　苏长杰　摄

顾头不顾尾

（杨常秀口述　王常林整理）

兰英地区有一种野鸡，叫长尾雉鸡。冬天来了，地上铺了一层厚厚的雪。人们在有鸡的地方吆喝一声，长尾雉鸡便惊得从草丛里飞了出来。它在空中一展翅，翅膀就冻僵了，落到雪地里，人们一撵，它慌忙中把头使劲往雪层里钻，尾巴朝天倒立着。人们走过去就像拔萝卜一样，把它拔了起来。

原来长尾雉鸡顾头不顾尾，以为自己看不见什么东西，别人也和它一样看不见了，吃了个掩耳盗铃的亏。长尾雉鸡的尾羽，唱戏人最喜欢，拿去插在帽子上，表示器宇（羽）不凡。

小地名传奇

巴岩子河

传说很久以前，兰英村上部阴条岭最高峰，一边是高山草场，一边是茂密的天枞树，两个部落分别住在左右，都以打猎为生，为了争猎路，他们彼此纠纷不断，后来互相定下以阴条岭山顶为界的条约，互不越界来往。

一天，天枞树林内有位精干的小伙子叫天哥，他追赶着一只明鬃羊在老林里跑，不知不觉过了川山子、羊圈门、葡萄架、洋桃林、黑龙池、深沟峡等地方，还是没追上，明鬃羊也不见了。天哥跑上山顶寻觅，发现山顶鲜花遍地，蝴蝶飞舞，风光无限好。天哥情不自禁地唱起山歌，这时那只明鬃羊忽然从花丛中蹿出，天哥赶忙拉弓搭箭，但一眨眼明鬃羊就消失在云雾之中，却看见一个非常美丽的小姑娘走出来。只见她身穿漂亮的羽毛彩衣，身边围拥着好多鸟儿，真是百鸟朝凤。那小姑娘边走边和鸟儿们说笑。

天哥早就听说过，百花开放的草地里有一位懂鸟音的小姑娘，想不到今天在阴条岭顶上遇见了。他想显示一下自己的箭法，就向落在姑娘肩上的百灵鸟射去一箭，可那姑娘不慌不忙伸手就把箭接住了。天哥见她有这么高的武艺，十分敬佩，又怕她生气，赶紧丢了弓箭上前与姑娘道歉。小姑娘却一点也没有怒色，柔声地说："我早就知道你是天哥，有一手好箭法，可你不该射我的心爱之物。"天哥点头说："以后再也不敢了，望

花海　　　　陈世国　摄

妹妹见谅。”姑娘对天哥说：“由于我们那里缺水，人们生活十分艰苦，我听鸟儿说山顶有水，我是来找清泉的。”天哥听了非常高兴，因为枞树林子里也缺水，便说：“如果鸟儿带我们找到清泉，我愿意同你们一道开泉，共同为人们造福。”姑娘指着石壁开裂的地方说：“天哥，鸟儿在那里饮泉水咧。”天哥一看那里青苔覆盖，草儿青青，有水渗出来。鸟儿们乱蹦乱跳，嘎嘎直叫，在泥土上、石缝里吸水解渴。姑娘高兴地说：“鸟儿们，你们尽情地喝吧，我和天哥立即叫人来这里开泉。”大百灵鸟从石缝处飞到姑娘的肩上，叫了一阵子，姑娘对天哥说：“百灵鸟在说清泉不开不远流，今日不开就断流了。”天哥想了一会儿对姑娘说：“你请会传话的八哥分头去给两边的人报信，你我二人先开泉吧。”姑娘点了点头，就吩咐两只八哥去报信。姑娘用手在泥土里抠呀抠，阴条岭上有了第一个泉眼，天哥也用手抠呀抠，阴条岭上有了第二个泉眼，这泉水流出来的声音如鸟叫，泛出的水泡似明珠，真是又好看又好听，他俩高兴极了。姑娘脱下羽毛彩衣放在天哥的弓箭上，和天哥一起用树枝挖沟，让泉水顺沟流下。不过水一闪一亮的往下流不多远，就钻到石板底下不见了。他们用手抠呀抠，石板松了，掀呀掀，石板动了，水就出来一点，可是手一松劲，石板一落，水又回去了。他们不懈地掀动大石板，水先是细细如线，再是水珠串串，叮叮咚咚地流起来了。大百灵鸟突然惊叫起来。姑娘知道情况危险，对天哥说：“你先离开吧，水势要变大了，危险。”天哥不肯离去，对姑娘说：“你先走吧，我跑得快。”姑娘也不肯走，天哥就用力推开姑娘，并猛地掀起石板，泉水一下子冲了出来，有桶那么粗，势不可挡，天哥被冲走了。姑娘急忙扑去抢救，也被冲走了。只见他俩在水中紧紧抱在一起，不一会儿便消失在远方。

第二天，两部落的人随着八哥走上山来，看到了一条奇异的河，而姑娘和天哥两个年轻人都不见了踪影。顺着水声往上看，人们发现了姑娘的羽毛彩衣和天哥的弓箭，上面站着两只美丽的鸟儿，不停地叫着：“巴岩子河，巴岩子河，巴岩子河……”人们因此便叫这条河为巴岩子河。两边的人都被两个年轻人做的善事深深感动，从此放弃前嫌，亲密团结，再也不分界限了。

自生桥

金良铸

在兰英村后河上，有一道自生的石桥。当地人有着这样的传说。

西汉末年，王莽率十万精兵杀奔湖北襄阳，企图一举消灭刘秀，刘秀势单力薄，抵挡不住，撤退到四川境内，沿大宁河北上，在距县城北不远的地方险些被王莽捉住。刘秀脱逃后，率军来到后河，被悬崖深渊挡住了去路，这时，王莽的追兵紧逼而来，一路战马嘶鸣，尘土飞扬，情况万分危急。刘秀心急如焚，派人伐木搭桥过河，上山伐木的士兵还未回来，忽见一个士兵来报："将军，不用砍树了，河两岸的岩石在向中间长……""废话！石头怎么会长，快去砍树搭桥！"来人应声去了。刘秀心想，要是天能助我一臂之力，搭座桥多好啊。他放眼望去，仿佛看到河上云雾缭绕，两岸的岩石的确在向中间长。正在此时，一个士兵飞步来到马前报告："石桥快要长拢了！"刘秀半信半疑，策马近前一看，果然出现了一道天然的石桥，心中大喜，扬鞭催马，一跃而过。三军山呼"万岁"，蜂拥过了天生桥，紧跟刘秀进了深山老林。

王莽率军追到后河，听到天生桥的奇闻，眼看刘秀又一次绝处逢生，不禁仰天长叹："天助刘秀，穷追何益？"遂带领人马退回中原去了。

黄草坪

（孔凡杰口述　王常林整理）

黄草坪自古就是川鄂交通门户，设有客栈，往来商贾、盐背子、进出兵马都在此休息，备足干粮，做好翻山越岭的准备。

传说诸葛亮隐居卧龙，向西考察地形，入川来到此地时，预言黄草坪地下埋有无数宝藏，等着有缘人来发现。诸葛亮还教当地老百姓发明了能睡很多人的磨盘床。此床为圆形，中间有一个磨心，睡觉的人头朝外，脚朝磨心，一张床可以睡几十人，所以客栈一次可以接纳很多人。

薛刚反唐时，吴奇、马赞在黄草坪占山为王，劫富济贫，薛刚凭借武艺和地位入伙成为大哥，并以黄草坪为根据地，招兵买马，树反唐大旗，在黄草坪设立关卡、哨所。纪兰英在此地生下薛奎。明末八大王张献忠曾两次经黄草坪入川。

清代白莲教在黄草坪活动了数十年，他们曾在此开垦荒地，种植土豆和荞麦。

系马桩

（王少银口述　王常林整理）

阴条岭附近有一个石桩，又粗又高，传说薛刚反唐时在此系过马。后来只要有人把马系在石桩上，就能听到无数人喊："通城虎马在，另系他处。"通城虎是薛刚的封

系马桩 苏长杰 摄

号。传说体现了人们对薛刚的崇敬。

洗马池

（卢后甦口述 王常林整理）

在兰英寨附近，有一个水池，直径3米，深1米，池里的水冬温夏凉。

相传薛刚反唐时，同纪兰英相遇，成了夫妻。一天，纪兰英同官军交战，在马上动了胎气便早产了，生下儿子薛奎。胜利收兵之后，她抱着婴儿，见血污染红了战马，便想找水洗马，却哪儿也找不到。

走着走着，战马突然狂叫起来，扬起四蹄朝一处阴山背湾跑去，跑到那儿便停住了。纪兰英一看有一池水，立即把马赶到池里，将血污洗掉了。自从发现山上这池水，纪兰英的战马每次放牧，或是操练以后，都要来这里饮水和清洗。从此，人们便把这个水池叫作洗马池。洗马池的水看起来是黑红色，用树叶舀起来却是清汪汪的，喝之清凉可口。

铜炮台

（史庭才口述 王常林整理）

唐朝时开始用火药试造各种火炮。铜炮，是当时顶级的火器之一，相传薛刚是世界上最早制造铜炮的人，他制造铜炮的地点就在兰英寨。过去火药产生于炼丹炉中，有炼丹家的地方就具备制造火炮的条件。而在兰英寨，有很多有名

洗马池　　王常林　摄

的炼丹家，这些人聚在一起不断试验，终于发明了一种火药武器——铜炮。这种铜炮为圆柱形，四周铸有多道铁箍，火药内拌有铁砂、铁弹等，是一种很厉害的武器。

薛刚在险要地方筑起了铜炮台，放置铜炮防御敌人。武三思率部进山时，铜炮终于

铜炮台山　　苏长杰　摄

发挥了威力，只听见一声雷鸣，地动山摇，只见一团火射来，立即伤亡数人，马惊人坠。武三思吓得魂飞魄散，退兵出山，再不敢轻易带兵来犯。这一炮，民间至今传说“炮打太平山，子落长沙县”。这句话中的太平山、长沙县都是当时阴条岭片区的小地名。铜炮在薛刚撤离时被丢进了天坑，而铜炮台这个地名沿用至今。

扯垮庙

（陈继富口述　王常林整理）

阴条岭脚下有个地方，地名叫扯垮庙。传说薛刚反唐时，他的侄儿薛蛟、儿子薛奎两弟兄当时住在黄草坪，10 岁左右就显示出过人的力气。纪兰英对他们管教很严，不准他们乱跑，怕他们闯祸。有一天纪兰英出了门，哥俩就偷偷溜了出去，专找热闹的地方凑。他们来到一个庙上，看到很多人在那里玩，开始认为是烧香敬菩萨的，结果却发现是一个市场，而且有很多好吃的。哥俩饿了，出来又没带银两，怎么办呢？他们发现有人在赌博，薛奎就提议抢他们的银子。薛蛟说：“不行，别坏了薛家的名声！”最后他们想了一个蠢办法，趁人们不注意时，抓住庙上的过梁用力一扯，庙就倾斜起来要垮了，吓得人们乱跑乱叫。这时薛蛟说：“可惜我们哥俩饿得没力气了，要是吃饱了肚子，我们两个小孩就能把庙拉正，不信赌一下。”当时很多人都愿意与这两个小孩赌一把，想要看他们的笑话，没想到薛蛟、薛奎堂而皇之吃了别人给的东西后，真的捉住大梁只一扯，就把庙扯正了，恢复如初。人们惊得嘴巴都合不拢，正打听两个小孩的来历时，纪兰英找来了。

上当河

（曾凡举口述　王常林整理）

阴条岭山下的当阳河有条支流叫“上当河”。传说薛刚在外征战多年，一次回来看望夫人纪兰英，走到此地被一个黑皮肤小将拦住去路，正是薛刚的亲儿子薛奎。薛奎性子急，不问青红皂白上前就与薛刚交战，薛刚措手不及，被薛奎掼于马下。薛奎用枪顶着薛刚的喉咙说：“黑蛮子，跪下，为何闯我山寨？”薛刚说：“不要误会，本人薛刚，小子你是谁？”

薛奎听说是父亲薛刚，心想这回上了当，哪有儿子叫父亲下跪的。他马上从马背上跳下来，跪在薛刚面前，口称：“父亲饶罪，我是不孝之子薛奎。”薛刚又喜又怒。从此这条河就叫上当河。

忍子坪

（杨刚前口述　王常林整理）

在黄草坪附近有个地名叫“忍子坪”，传说是薛刚反唐时，他的夫人纪兰英怀着儿子薛奎，骑马从当阳河上黄草坪时，在此地发作要生了，她咬牙忍住不生，用背靠在马鞍上，挥鞭打马，硬是一口气跑到黄草坪，进了屋才生。原来纪兰英后面有追兵，只有到了黄草坪才安全，当时黄草坪设有一道关卡，万夫莫开。

村野轶事

李显封地名

（刘永才口述　陈伯凯整理）

相传李显流放房陵时，母亲武则天登基称帝，李唐皇室子弟多被诛杀，李显成为惊弓之鸟，与夫人韦氏带着亲眷、近臣、侍从300余人从房陵王宫来到兰英寨避难。虽然有薛刚、纪兰英保护，但李显仍然忧心忡忡，身边谋士宽慰他，总说李唐必复兴，他将再次当皇帝。李显将信将疑，有一天，李显向空中抛了一颗石子，说：“我若还能当皇帝，石子不落。”结果石子恰好落在树杈上，当真没落地。李显有了信心，便在兰英寨附近封地名，希望暂且偏安。其中，他把避难的地方封为“太平山”。后来，李显真又成了皇帝，恢复了唐室。

唐朝一马驮三将

（向远波口述　王又彬整理）

话说在薛仁贵一家满门抄斩，埋在铁丘坟时，有好心人暗中救下了薛猛的幼子薛蛟，后将薛蛟托付给其三叔薛刚，薛刚将其交给夫人纪兰英，在兰英寨抚养。武三思带兵来剿时，纪兰英正身怀薛奎，情急中她用腰带把薛蛟背在背上，跃马横枪，怒目圆睁，冲入敌阵。这时，当地人眼中出现了一种奇怪的幻觉，一匹马驮着三员猛将，各执兵器，锐不可当。武三思惊吓之余，大败而归，从此留下了一马驮三将的传说。这三将指的就是骑马的纪兰英以及她背上的薛蛟和肚子里面的薛奎。后来，薛奎、薛蛟长大后果然成了两员猛将。

兰英寨黄昏　　董晏　摄

纪兰英赐酸菜

（王从山口述　郑玉整理）

兰英寨地处原始森林，进山的人经常迷路，有人在山上转了几天几夜都不知归路，往往是又累又饿。而在关键时刻眼前总会出现一罐上好的瓦罐酸菜，吃起来又香又脆。迷路的人吃饱后，打起精神，最终找到了下山的路。这罐酸菜救了无数人的命。大家都说一定是纪兰英显灵，特赐酸菜救人。纪兰英在当地人心中不仅是一位女英雄，也是一位女神灵，被供以香火膜拜。

故事传说

毛狗精

很久以前，兰英村深山老林边上住着一个小伙子，名叫田娃，三十出头还是个单身汉，靠打柴为生。一天，他像以往一样，一早吃了饭便上山打柴。走到垭口，忽然碰见一个手拿猎枪的猎人追过来，大声喝道："打柴的，你看见狐狸往哪边跑了？"田娃不知他的意思，支支吾吾了许久，就随便指着他右手边的一条路说："往这边跑了。"于是猎人转身继续去追。

等猎人走后，他爬过一座陡坡，来到一个岩洞边，突然发现岩洞的石头上有一张毛狗子皮（狐狸皮）。他也不在意，顺手就把它丢进背篼里，然后把柴捆好，歇了一会儿，便背上背篼回了家。回家后他把捡来的皮藏在了屋角的墙缝里。然后想进灶屋做饭，但此时他又累又饿，就坐了一会儿。

坐了一会儿，他想，饭还是要做，便打开灶房门准备做饭。刚一进屋便闻到一股香味，满屋香喷喷的。他把锅盖揭开一看，热气腾腾，顿时呆住了，怎么锅里蒸了一只鸡，还有一碗白米饭。他觉得奇怪，搞不清是怎么回事。时值中午，他肚子正饿，见有好吃的，便不管三七二十一吃了。

不久后的一天晚上，田娃正闷闷不乐，想喝碗茶水解渴。突然间，门"嘎"一响开了，一个美貌的姑娘手捧一碗热茶走到他面前说："田郎，请用茶！"田娃好生奇怪便问："你是哪家女子，叫什么名字？深更半夜来这里做啥？"姑娘答道："我家住后山，离这里不远，我姓胡，见你终日劳累，特来为你送茶解渴的。"田娃把碗接过，正想再说什么，姑娘一晃就不见了。

一天晚上，姑娘又来了。进门便说："我的大恩人，我又来看望你了。"田娃心想，恩人？怎么我自己都不晓得。姑娘见田娃不说话，便立即谈起了自己的身世："我现在只单身一人，流落于此，愿与田郎结为夫妻，好为田郎做饭。"田娃听说做饭，脱口便问："上次的饭菜是你做的吗？真香啊！"姑娘含笑点头，田娃见面前这位女子如此美貌，又这样体贴人，于是满口应承，二人结为夫妻。

一年多过去了，夫妻二人过得十分和谐美满，还生了一个小孩，夫妻俩爱如宝贝。一天，田娃无意中逗儿子说："天上星亮晶晶，幺儿妈是个毛狗精。"妻子一听，先是一惊，后见是逗娃儿玩，就没有在意。一会儿，又听田娃逗儿子，还是这样说，妻子便起了疑心，以为自己露了馅，顿时周身发抖，便生起病来。田娃一见，吓慌了，以为妻子受了寒，赶忙去拿衣服、被子给她盖，但都不中用，她越抖越凶。田娃想到狐皮暖和，便赶忙把捡来的毛狗皮给她搭上，妻子见了"哇"的一声，一把抓过去，往身上一披，在地上一滚，变成了一只毛狗。毛狗望着田娃和小孩流下几颗泪珠，摆摆尾，就往深山去了。

龙女借碗

兰英村山上有一个洞，洞里有一股清亮的泉水，传说曾有一个聪颖善良的龙女住在洞中。

很久以前，这一带散居着十几户人家，日子不好过，连日常生活用具也买不起，每逢红白喜事常为没有碗发愁。一次，一个穷苦的老大娘为儿子办婚事，正愁没碗，龙女当晚就给她托了一梦，说差碗就去山上的洞里借。第二天，老大娘备上香烛和供品，半信半疑地来到洞边，敬了三炷香，磕头作揖向龙女借碗。待她一抬头果然见一叠碗放在洞口。老大娘一见，欢喜得不得了，带上碗回了家。办完了喜事，她又把碗洗得干干净净还给了龙女。后来，人们一传十，十传百，大家有事都去找龙女借碗，只要有借有还，龙女总是有求必应。

不久这事传到一个轻浮的人耳里，他想这龙女一定很漂亮，倒要去看看。于是他去向龙女借碗，龙女正好拿碗出来，他伸手想把她抓住，“哗”的一声，碗掉在地上摔得稀巴烂，龙女转身进了洞。从此，人们再也借不到龙女的碗了。

名人与名村

兰英村钟灵毓秀，涌现出不少杰出人物，有威震敌胆的抗日英雄曾庆益，有靠勤劳致富广施仁爱的乡绅向国美等。同时兰英村处川（渝）鄂门户，山高林茂，历来为兵家必争之地，许多豪杰枭雄如张飞、张献忠、贺珍、王聪儿等在此留下了足迹。丰富的动植物资源吸引了知名科学家前往考察，如英国植物学家威尔逊在阴条岭兰英寨考察植物等。

义士立志出桑梓，力大抗日真英雄。
历代豪杰留足迹，兵家必争遍地红。

◉ 历史名人

向国美　男，生于清咸丰二年（1852）农历二月十一，兰英村小石锣坪人，卒于1936年农历七月初三。向国美一生靠勤劳致富，主要是种植黄连，年年种，年年收获，良性循环，颇有积蓄。他盖起了四合天井屋，有护家犬、炮楼和100多条枪，棒老二（土匪）不敢抢他家。向国美为人善良，热心修桥补路等公益事业，济困济贫，备受尊重。他在万县（今万州区）、巫溪等地，资助了整整100名孤儿。向国美坚决抵制种植鸦片和鸦片贸易，利用家丁武装缉拿过境的鸦片烟，被传为佳话，远近闻名。他的墓碑上刻着一副对联：魂司地下乾坤老，名共人间草木香。

谢兴曲　男，生于19世纪末（年月不详），兰英村兰坪人，国民党党员，去世日期不详。自幼外出读书，留学日本，在外改名换姓，一直在国民党中央工作，为国共合作出过力，并亲自回家乡巫溪、巫山宣传国共合作，1949年末携家人到达台湾。20世纪60年代，谢兴曲成为大陆统战对象，命其子谢军柱秘密回大陆工作，受到中央领导接见。谢军柱带着国务院的介绍信回乡探亲，祭祖，然后去了山东工作。

曾庆益 男，生于1920年8月，兰英村牛栏桩人，国民党党员，1998年8月去世。20岁时被拉壮丁进入国民党部队，随后参加抗日战争，因勇敢杀敌而晋升为团长。曾庆益高大威猛，全团都是刻意挑选的大力士，专与日本兵找机会肉搏，可以以一敌三，他作为团长常常冲在前面，杀日本兵无数。解放战争时他拒绝中国人杀中国人，一枪未放，将全团解散，解甲归田。新中国成立后，政府和村民对他特殊照顾，尊他为英雄。

◉ 名人与兰英

张飞剿匪 东汉建安十五年（210），刘备占领荆州，把巫县一分为二，即巫县（今巫山县）和北井县（今巫溪县），巫溪开始立县，目的是取盐利以养军队。此时兰英村盗匪横行，一个叫刘和尚的土匪聚集了一帮人，住在兰英村的一个岩洞里，拦路抢劫不说，还到附近的通城坝、房县抢劫。通城人苦不堪言就到荆州搬兵（通城镇《李氏家谱》记载），刘备即派张飞带兵前来，将刘和尚等人围困在洞中，纵火烧洞，土匪缴械投降，刘和尚被当场斩首。村民们十分感念张飞，于是将刘和尚洞附近的一道山梁命名为张飞梁子，并在一块石壁上刻篆字记载“翼德焚斩刘恶安民”。

张献忠两次过兰英 明崇祯年间，张献忠起义，自号“八大王”。他带领起义军流动作战，先后五次入川出川过大宁县（今巫溪县），两次是从湖北房县进入兰英村的黄草坪，然后翻越兰英大峡谷。崇祯七年（1634）二月，张献忠部一部分人从兰英村入大宁，攻占大宁盐场和县城。崇祯十七年（1644）正月，张献忠又率部从兰英进入四川，破大宁县城，知县岳农坛投泮池而死。

贺珍屯兵兰英寨 贺珍，男，明末清初人士。原是明朝的官员，后投降李自成，成为大顺军驻守汉中一带的主将，再然后投降清朝汉中总兵，最后又走上反清的道路，接受了南明永历政权的封赐，封岐侯。

清顺治二年（1645）六月初，李自成遇害后，部将贺珍从汉中入川到大宁，与张献忠部作战，大败张献忠三万大军。贺珍于兰英寨附近屯兵，在草坪上练兵（有练兵场遗迹），顺治三年（1646），占据整个大宁 。贺珍据险固守，坚持抗清。以“反清复明”为口号收络民心，于险峻要冲设立防御要塞，操练士兵，随时准备“勤王灭虏”。同时奖励农耕，实行“什一”税赋制，减轻农民负担，革除盐法弊端，减免盐税，发展盐业生产。“保黔首如赤子（保护老百姓像大人保护小孩一样）”以恢复民力，休养生息。这些政策，受到当地百姓的拥戴。由此，他据守的大宁县成为“夔东十三家”反清复明力量的重要根据地。

清康熙元年（1662）初，贺珍病死在大宁县兰英寨兵营。

王聪儿在兰英建大营 清朝时兰英村兰英寨附近是白莲教的重要活动据点，嘉庆元年（1796）清兵四面连营，围困大宁县天元乡陈崇德部的营地老木园。川鄂义军闻讯，在王聪儿的指挥下，分道进入大宁县境内，七月中旬，王聪儿带领一部分人从湖北进入兰英村，在阴条岭建立后方大营，组织人力运粮到老林。最终王聪儿出兰英大峡谷参战，分散了清军兵力，解除了老木园的围困。次年冬老木园又被围困。嘉庆三年（1798）二月，老木园陈崇德部战败，义军被杀数百。王聪儿带人退回兰英大营，凭险要地形抗击清兵，清兵无所作为，只好撤兵回成都。王聪儿也离开兰英，转战他地。

威尔逊探访阴条岭 1911 年 6 月 22 日，英国著名植物学家威尔逊从湖北神农架进入阴条岭兰英寨，开始了他为期 9 天的探访。威尔逊在阴条岭留下了足迹，并在兰英村发现了许多珍贵的物种，如鸽子树（珙桐）等。

贺龙率兵过兰英 1932 年 12 月 17 日，红三军右路从湖北双桥乡绕道进入巫溪的双阳乡红旗村、前进村和兰英乡的高阳村，到达通城乡的坪兴村夏布坪。红三军左路，约一万多人从湖北竹溪县、沿梨子坪和房县的九湖，向巫溪进发，途经双阳乡林口子、赵二坪、马塘和兰英村的周家坪，过巴岩子河，到夏布坪与右路红军汇合。贺龙殿后，与左路军同行到兰英村，由于山路险峻难走，贺龙命令军医谢顺成留下照顾晋士根、裴骨瑶、王明杨等 8 名重伤员，要他尽力挽救伤员生命，自主解决生活出路。谢顺成回答：“坚决完成任务。”谢顺成和 8 名重伤员留在了兰英村，在他和老百姓的精心照料下，伤员全部康复。

大事纪略

◉ 1932 年红三军重伤员落户兰英村

1932 年 12 月 17 日，贺龙率领的红三军战略转移至兰英村的周家坪，由于山路难行，八位重伤员留在了兰英村，得到了老百姓的悉心照料。在三年时间内八位伤员全部奇迹康复，后都落户在了兰英村，结婚生子。

◉ 1945—1946 年进剿烟霸汪虎文

汪虎文是兰英村人，在很长一段时期内担任白果乡乡长，是种植贩卖鸦片的烟霸。1945 年 5 月，巫溪县长宁贻云命保安中队进剿汪虎文，汪虎文立即勾结驻境内的流窜部队熊广文部，反将保安队围困在太平寨内，保安队被迫缴了枪。1946 年 12 月，巫溪县驻军陆军第十师二十九团在雷鸣团长的带领下，在白果乡宋王寨、倒洞子捕获了汪虎文、汪汉卿等人，并予以正法。兰英村开始全面禁种禁贩鸦片。

黄华山　　代纯明　摄

◉ 1947 年销毁鸦片

1947 年，在乡长孔洋三的组织下，兰英村开展了全面销毁鸦片的活动，此举得到了老百姓的支持，村民将田中烟苗全部铲除，焚烧鸦片膏存货 1200 多千克，轰动一时。

◉ 1950 年组织背力运输队

1950 年下半年，兰英村村民自愿入股，成为供销合作社的社员。供销部门主要负责食盐、桐油等物资供应，但进货要到县供销社，全靠人力背，跋山涉水、翻山越岭迂回运输，物资供应不上，无法满足村民需求。于是兰英村组建了一支背力运输队，有三四十人，去时将收购的土特产运进县城，返回时背食盐和日用品等物资，运输队统一往返，长长的队伍排成一字长蛇之阵，相当壮观。有了专业运输队，物资供应基本得到了保障。

半山电杆　　　　吴健　摄

1978年村中首次亮起电灯

1978年，兰英村第一所电站青龙电站建成发电，村中首次亮起电灯，结束了用油亮子（松树劈成的条块）和煤油灯照明的历史。但因电站技术差，发电量小，沿路拉线的电杆为木杆，线路电流损失大，稍微远一点的地方灯泡亮度就达不到，像一颗烧红的木炭。

1987年岩崩抢险

1987年5月4日，兰英村下柱头岩崩，高空落石，砸死山羊30余只，损毁房屋一间。为了消除安全隐患，县抢险工程队10余人在无安全措施的情况下，开展悬崖高空作业，连续工作半个月，全部清除了危岩。

1996—1999年修建村境第一条公路

1996年经过兰英村的“西红”公路开始修建，给兰英村人的出行带来了希望，村民发扬“认穷不认输，落后不落伍”的顽强拼搏精神，决心修建通村公路。但修建公路

兰英修路　　张宗定　摄

土石公路　　王常林　摄

困难重重，一是要经过兰英大峡谷，兰英村段从峡谷底到峡谷顶，垂直距离 1600 多米，要急拐好几道弯才能上去；二是当时财政拨款 130 万元仅限配给炸药物资，其他施工没有任何投入，全靠兰英村人筹资投劳修建。兰英村采取家庭承包、互相帮助的方式，男女老少不分白天黑夜地干，用简陋的工具挖、刨，开石头、砌路基、填地面，进展缓慢，特别是巨大的压路石要自己凿制，上路滚压时要几十人推拉。兰英村民苦干两年仍然不能完工，于是邻近西安村人每家出劳动力，自带粮食，住在兰英村帮助修建了一年多。在几乎全人工操作的情况下，通过两村村民的齐心协力，终于在 1999 年完工。同年 6 月 10 日，兰英村举行了隆重的通车典礼，县委书记专程赶来剪彩，首先鸣当地的三眼炮，为修这条路献出宝贵生命的村民默哀三分钟。这条土石公路从西安村经兰英村至巴岩子河，直通通城红路，成为兰英村人出行的转折点，兰英村迎来了以车代步的时代。但这条土石路十分简易，遇暴雨就垮，修修补补坚持使用，直到 2016 年年底，这条公路才全部用水泥硬化，并添修了错车道，安装了防护栏，改善了出行条件。

红叶白雾　　敖伟　摄

◉ 2001 年开始实施农村医疗保险

2001 年，兰英村开始实施农村医疗保险（简称医保），首次参保人数 910 人，参保率达 90% 以上。以后年年参保，参保率均达到 90%。医保改善了兰英村人的医疗条件，也改变了兰英村人的医疗习惯，村民逐步从过去习惯看中医到中西医都看，急病多看西医。

◉ 2002 年村民喝上自来水

2002 年，巫溪县水务局在兰英村投资实施人畜饮水工程，于高坪选址，修建了一个 700 立方米的蓄水池，安装水管 1660 米，3 个社的村民喝上了自来水，大大改善了村民用水条件。

◉ 2003 年修建敬老院

2003 年，政府在兰英村下柱头投资 50 余万元修建了敬老院，首批 17 位孤寡残疾老人入住，由专人负责看护。

◉ 2004 年收集五句子山歌歌词

2004 年，重庆市文联组织 10 位歌唱家、诗人、舞蹈家到兰英村采风，重点收集五句子山歌歌词，共收集 300 多首，部分选入由姜永胜、赵四方主编的《五句子山歌》。

◉ 2006 年挂壁公路通车

2003 年 6 月的一天，两个 20 多岁的年轻人在过树桥时，双双坠入巴岩子河殒命，村民痛惜，兰英村人决心改善村内交通。周家坪的村民在绝壁上开凿公路，并打穿老虎嘴，历时三年，公路于 2006 年 9 月 30 日竣工通车，这条公路像飘带一样挂在壁上，人称“挂壁公路”。挂壁公路的开凿修建，不仅大大方便了村民交通出行，还成为兰英村一道靓丽的风景线。

◉ 2009 年何明星获重庆市道德模范称号

2009 年，兰英村民何明星获重庆市道德模范称号。当年 2 月 13 日下午 7 时，天已擦黑，一辆双排座客货两用车在行驶到兰英村青龙电站水库时不慎坠入水库。兰英村三社村民、党员何明星的家距离出事地点不足 50 米。听到声音，他抓起身边的一盏矿灯就向屋外冲去。借着灯光，何明星发现了坠入水库的车辆，立即跳入河中救人，他一连救上岸三个人，最后筋疲力尽，差点爬不上岸。何明星先后获巫溪县见义勇为先进个人、感动巫溪十大新闻人物、重庆市青年五四奖章等荣誉，是大家心目中公认的道德模范。

◉ 2011 年举办全国摩友山地骑行会

2011 年 5 月 1 日，巫溪县在兰英大峡谷举办全国摩友山地骑行会，来自全国各地的 300 名摩托车骑行爱好者参加了盛会，摩友们骑着不同型号和样式的摩托车在兰英村的盘旋公路上行驶，队伍庞大，颇为壮观。

◉ 2012 年成立阴条岭国家级自然保护区

2012 年 1 月，国家批准成立阴条岭国家级自然保护区，包含兰英村全境，兰英村有核心区（一社）、缓冲区（二社）和实验区（三社）。核心区不准任何人为破坏，保护野生珍稀动植物；缓冲区是为成为核心区做准备，通过发展逐步走向核心区；实验区可以有建筑物和少量采伐。阴条岭国家自然保护区机构完整，人员配置完备，实施国家级别的保护措施，以法律的形式明确规定不准砍伐树木、挖野药、采摘、打猎等。

◉ 2013 年兰英大峡谷开园

兰英大峡谷素有“重庆第一深谷”之美誉，谷内地貌奇特，瀑高、峰险、山奇、石怪、水清、洞幽、禽珍、兽异，但长久以来“养在深闺人未识”。21 世纪以来，巫溪县开始注重生态旅游项目的开发。2013 年 1 月，县政府投资 300 多万元，完成了兰英大峡谷游客接待中心、停车场、观景平台、错车道、公共厕所的建设，11 月 23 日兰英大峡谷顺利开园，接待游客 3 万余人次，旅游收入达 30 多万元，并成功推出重庆市首例直升机游大峡谷项目，受到广大游客的青睐。

◉ 2014 年抢修交通运输线

2014 年“9·1”特大暴雨后，兰英村通乡公路（通兰路）有 5 千米路段遭到损毁，21 千米村级公路更是遭到严重损毁，兰英乡政府紧急筹措 80 万元资金，奋战 50 天抢修通了群众唯一的交通运输线，保障了群众通行。

兰英大峡谷大门　　吴健　摄

◉ 2014 年保护野生猴群

2014 年 11 月下旬，兰英村同兴社出现了一个 100 多只的野生猴群，周边许多农户的庄稼被猴群偷吃，破坏严重。为保护生态、维护群众利益，兰英乡政府安排专人，每天定时定点为猴群投放食物 100 多千克，成功将群猴引到了对面山上活动。群众庄稼没有再被偷吃和破坏，避免了猴群被村民打死打伤，或赶出境，维护了兰英村的生态旅游环境。

◉ 2015 年开始实施整村脱贫

2015 年，巫溪县、兰英乡两级政府决定对兰英村实施整村脱贫计划，改善公路等基础设施，发展旅游业和传统种养业等骨干产业，引进扶贫项目资金 2000 余万元。

野生猴群　　吴健　摄

大官山石柱　　陈勇　摄

附录

村规民约为自治，崇德守法重家风。
脱贫攻坚早计划，发展保护地位同。

兰英村村规民约

为了稳步推进兰英村新农村建设的步伐，进一步推进民主法制建设，维护社会稳定，树立良好的民风、村风，创造安居乐业的社会环境，促进经济发展，建设文明卫生新农村，按照“生产发展、生活宽裕、乡风文明、村容整洁、管理民主”的要求，经兰英村社员代表会议讨论通过制定本村规民约。

一、社会治安

1. 每个村民都要学法、知法、守法，自觉维护法律尊严，积极同一切违法犯罪行为作斗争。

2. 村民之间应团结友爱，和睦相处，不打架斗殴，不酗酒滋事，严禁侮辱、诽谤他人，严禁造谣惑众、拨弄是非。

3. 自觉维护社会秩序和公共安全，不扰乱公共秩序，不阻碍公务人员执行公务。

4. 严禁偷盗、敲诈、哄抢国家、集体、个人财物，严禁赌博，严禁替罪犯藏匿赃物。

5. 严禁非法生产、运输、储存和买卖爆炸物品，经销烟花爆竹等易燃易爆物品须经公安机关等有关部门批准。不得私藏枪支弹药，拾得枪支弹药、爆炸物品，要及时上缴公安机关。

6. 爱护公共财产，不得损坏水利、道路交通、供电、通信、生产等公共设施。

7. 严禁非法限制他人人身自由或非法侵犯他人住宅，不准隐匿、毁弃、私拆他人邮件。

8. 私自砍伐国家、集体或他人的林木，10 根以下由村委会罚款 1000 元，10 根以上交乡以上林业部门处理。严禁损害他人庄稼、瓜果及其他农作物，加强牲畜看管，严禁放养猪、牛、羊、鸡。

9. 严禁种植鸦片，违者责任自负。

二、消防安全

1. 加强野外用火管理，严防山火发生。

2. 家庭用火做到人离火灭，严禁将易燃易爆物品堆放户内、院落内，要定期检查、排除各种火灾隐患。

3. 对村内、户内电线要定期检查，损坏的要请电工及时修理、更新，严禁乱拉乱接电线。

4. 加强村民、少年儿童安全用火用电知识宣传教育，提高全体村民安全意识。

5. 不准乘坐超载超客车辆，随时注意保证安全。

三、村风民俗

1. 提倡社会主义精神文明，移风易俗，反对封建迷信及其他不文明行为，树立良好的民风、村风。

2. 喜事新办，丧事从俭，破除陈规旧俗，反对铺张浪费，反对大操大办。

3. 不请神弄鬼或装神弄鬼，不搞封建迷信活动，不听、看、传淫秽书刊、音像，不参加邪教组织。

4. 建立正常的人际关系，不搞宗派活动，反对家族主义。

5. 积极开展文明卫生村建设，搞好公共卫生，保持村容村貌整洁。

6. 建房应服从建设规划，经村委会和上级有关部门批准，统一安排，不得擅自动工，不得违反规划或损害四邻利益。

四、邻里关系

1. 村民之间要互尊、互爱、互助，和睦相处，建立良好的邻里关系。

2. 在生产、生活、社会交往过程中，应遵循平等、自愿、互惠互利的原则，发扬社会主义新风尚。

3. 邻里纠纷，应本着团结友爱的原则平等协商解决，协商不成的可申请村调解委员会调解，也可以依法向人民法院起诉，树立依法维权意识，不得以牙还牙，以暴制暴。

五、婚姻家庭

1. 遵循婚姻自由、男女平等、一夫一妻、尊老爱幼的原则，建立团结和睦的家庭关系。

2. 婚姻大事由本人作主，反对包办干涉，男女青年结婚必须符合法定结婚年龄要求，提倡晚婚晚育。

3. 自觉遵守计划生育法律、法规、政策，实行计划生育，提倡优生优育，严禁无计划生育或超生。对不参加早孕普查的育龄妇女，每次每人交认识费 50 元，对各社社长，隐瞒超生，每发现一个，罚款 100 元，村三职干部（村支部书记、村主任、村会计）隐瞒不报的罚款 200 元。

4. 夫妻地位平等，共同承担家务劳动，共同管理家庭财产，反对家庭暴力。

5. 父母应尽抚养、教育未成年子女的义务，禁止歧视、虐待、遗弃女婴，破除生男才能传宗接代的陋习。子女应尽赡养老人的义务，不得歧视、虐待老人。

六、土地管理制度

1. 户籍人口迁出的和户在人不在的农户，其土地、山林一律收归集体，统一安排使用。土地收回后，由村社安排计划种植农作物。农户承包的土地，凡不按计划种植作物的，取消当年粮食直补，退耕还林不予退耕，同时不享受国家各项优惠政策。

2. 山林、土地若需其他使用，必须经该社群众会通过，社长签字，村委会盖章，然后办理相关手续。

3. 有能力发展生产力，如不发展者，取消国家、集体的一切优惠待遇。

4. 土地、山林若不按村规民约办事，造成严重后果的，由村处罚 300 元至 500 元。不执行者，由村申请人民法院强制执行。

七、干部管理制度

本着干部分工不分家，各负其责的原则，实行包片包社包任务，完成情况与奖惩挂钩。完不成任务的村社干部，年底报酬随减，不发放奖金。

八、公路管护制度

为了保证村级主干道和支公路畅通无阻，公路必须按原修的宽度，左右上下除边沟，保坎（护堤）外留足 1 米，不得耕种，违者罚款 300 元。

九、动物防疫

1. 拒绝动物防疫的户，每头猪交纳认识费 50 元。

2. 防疫员不按时、按规定标准注射，造成严重后果的，一切责任自负。

3. 动物户主如不在家，防疫员必须在规定时间内补打。

十、社会事务

1. 为了农民不因病致贫返贫，每年应积极参加农村合作医疗。

2. 本辖区五保老人按规定享受补助优惠政策。

3. 适龄儿童必须接受九年义务教育。

十一、违反本村规民约的责任人，除触犯法律由有关部门依法处理外，村民委员会可作出如下处理：

1. 予以批评教育。

2. 写出悔过书，用村公开栏进行通报。

3. 责令其恢复原状或作价赔偿。

4. 视情况给予必要的经济处罚。

5. 民事调解，每起收调解费 100 元（双方当事人必须首先交押金 100 元），然后由败诉方承担调解费。

十二、凡是违反本村规民约要进行处理的，必须要调查核实后，经村民委员会（或村民代表会议）集体讨论、决定，不得擅自处理。

十三、凡违反本村规民约的农户，在本年度不评先进、文明户、五好家庭户、遵纪守法户。

十四、本村规民约自村民会议（村民代表会议）通过之日起施行。

2008 年 1 月 27 日兰英村村民代表会议通过

兰英村脱贫攻坚规划（2017—2020 年）①

旅游优势。兰英村位于兰英大峡谷境内，东与湖北大九湖毗邻，绝大部分在阴条岭自然保护区之内。境内自然旅游资源丰富、类型多样，海拔高差大，体感温度层次丰富。山势奇特，以峡、谷、洞、涧、瀑、泉、云、雾为主要特色，有蜿蜒曲折、崖高谷幽、瀑布挂帘的兰英大峡谷景区，有传统手艺、传统民居、传统民俗、民间奇术、山歌等传统文化资源，正在打造国家 4A 景区。

生态优势。兰英村生态环境优越，无大气、水、噪声和固体废弃物等污染，森林覆盖率高达 80% 以上。立体气候明显，适宜多种药材、山珍和多种干鲜林果生长。

产业基础。兰英村现有土鸡、中药材、山羊等特色产业。立体气候明显，适宜多种药材生长，中药材在地种植面积 1000 余亩；兰英村为大宁河土鸡种源保护基地，现有土鸡 4000 余只；饲草资源丰富，山羊现有存栏量 500 余只；村内大部分为森林所覆盖，无工业污染，生态环境良好，气候条件优越，四季分明，野花盛开，质量上乘，无污染，具有发展中蜂养殖得天独厚的优势和良好的基础，现有蜂蜜 600 桶；现种植烤烟 280 亩，魔芋 200 亩。

第一章　脱贫攻坚总体要求

第一节　指导思想

深入贯彻习近平总书记扶贫开发战略思想，全面落实重庆市深化脱贫攻坚工作电视电话会议精神，按照巫溪县深化脱贫攻坚工作会议安排部署，以“稳定脱贫、持续致富”为目标，以重大扶贫项目和到村到户帮扶措施为抓手，聚焦基础设施建设、生态产业培育、人居环境提升、公共服务发展、社会保障建设，结合实际，坚定不移走“基础强村、产业富村、旅游活村”之路，打造峡谷人家，建设养生兰英，确保如期稳定高质量完成脱贫攻坚任务。

第二节　基本原则

——坚持精准扶贫，精准脱贫。在“六个精准”上想办法、出实招、见真效，找准“穷根”，精准滴灌，明确靶向，对症下药，真正扶到点上、扶到根上，实现贫困人口精

① 2017 年 11 月，兰英村脱贫攻坚规划经巫溪县、兰英乡扶贫领导小组、兰英村村民委员会及项目专家共同制定，由巫溪县发展和改革委员会、兰英乡政府、兰英村委会共同实施。此规划为节选。

准脱贫。

——坚持生态优先，绿色发展。牢固树立“既要绿水青山又要金山银山、绿水青山就是金山银山”的理念，做到扶贫开发与生态保护并重，实现生态美、产业兴、百姓富有机统一。

——坚持政府主导，社会参与。积极争取县、乡两级财政大力支持，鼓励引导社会各方力量多形式参与开发，不断激发群众主体意识、发展意识、参与意识，形成政府主导、社会参与的大扶贫格局。

——坚持实事求是，稳定脱贫。对标对表上级党委政府确定的时间节点，紧密结合兰英村实际，科学制定脱贫方案和安排进度，循序渐进、稳扎稳打，坚决杜绝数字脱贫、虚假脱贫，确保脱贫成果经得起历史和实践检验。

——坚持远近结合，着眼小康。既考虑稳定高质量脱贫，又考虑着眼全面小康，在产业发展上坚持长短结合，远近结合，在基础设施建设和社会事业发展上，更多考虑与全面小康相衔接。

第三节　发展目标

发展总目标：到 2019 年底，确保全村现行标准下农村贫困人口实现稳定脱贫，稳定实现“一达标、两不愁、三保障”、实现村销号和户摘帽。到 2020 年，基础设施进一步完善，产业带动进一步增强，农民生活水平进一步提高，建成农村人居环境整治示范点，如期实现全面小康。

产业空间布局：以兰英大峡谷为依托，打造峡谷旅游观光轴；以土鸡、中药材、山羊为主导，分片布局特色产业。促进旅游业、农业产业与峡谷古村院落深度融合发展。

民俗旅游点布局：以板壁岩、松花石、周家坪、燕小坪为核心，打造民宿旅游点，维持原有建筑风貌。

交通建设布局：贯通“一纵一横”交通网络骨架（纵：范西路；横：同双路），实现社社通公路、人行有便道，全面解决出行难。

社会事业发展：有效解决上学难、就医难，实现社会保障全覆盖，全面提升贫困人口文化素质和就业能力。

第二章　脱贫攻坚主要任务

第一节　实施基础设施提升工程

基础设施建设作为脱贫攻坚的首要任务，先行启动交通建设，按照拓宽主干线、狠抓产业路、修好民生路的思路，积极实施通达通畅道路建设项目，加快农村路网建设，打通内外交通“大动脉”，改变交通区位劣势。统筹推进“小康水”“小康电”“小康讯（通信）”等基础设施建设，不断提升基础设施条件。

——交通

拓宽主干线。实施范西路兰英段 20 千米 100 个错车道新建工程。

完善乡村路网。一是同周路路面拓宽及硬化工程，周家坪集中民户入口处至公路尽头共计里程 600 米，在原有基础上拓宽 1 米，硬化 1.4 千米（其中 3.5 米路面 800 米，4.5 米路面 600 米），防护墩建设 500 米。二是同双路改扩建工程，总里程 12 千米，其中新修 1 千米（向家波屋至老屋），硬化 4.5 千米（牛郎至老屋）；新建错车道 60 个。三是新修及硬化同双路至松花石道路 1 千米，有效路面宽 4.5 米，边沟背坎整治成型，错车道 5 个。四是硬化主干道到周边农户零星道路 1.5 千米。

建好生产及入户人行便道。硬化生产及人行便道 8312 米。与村组主公路相连，基本实现全村入户便道出行便捷。

——旅游设施

在周家坪、板壁岩各新建 1 个观景亭、公厕、停车场，修建人行走廊 350 米，配套安装指引牌、警示牌。

——农田水利

安全饮水。实施安全饮水提升工程，新建人畜饮水池 6 口、900 立方米，新建水池点铺设到户管道 15000 米。完善过滤、消毒设施，农村集中供水率达到 100%，实现“小康水”全覆盖。

河堤整治。实施五指山河堤整治工程，新建河堤长 120 米，高 10 米，宽 3 米。

农田综合整治。强化节约集约用地、提升土地产能，对有条件的区域实施农田综合整治项目 1000 亩（燕小坪 200 亩、同兴 200 亩、高坪 200 亩、圆岭 200 亩、牛郎 200 亩）。

——电力通讯

农网改造。实施燕小坪木质电杆及线路改造工程，推进农网安全隐患整治，提高供电能力和服务水平，基本实现全村稳定可靠的供电服务全覆盖。

通信设施。加强农村信息基础设施建设，推进电话、宽带、有线电视延伸覆盖。新建移动通信基站 2 座，实现手机信号和 4G 网络全覆盖。

第二节　实施农业扶贫提升行动

坚持农业为基础，以优化农业布局、产业提质增效作为贫困户脱贫增收的基础，立足现有基础和资源禀赋，长短结合，发展壮大兰英村主导产业。打造提升优势品牌，扶持家庭农场、农民合作社、农业龙头企业等新型农业经营主体，有效建立贫困户参与机制和利益联结机制，逐步形成产业稳健发展、贫困户收入可持续增加的格局。

中药材产业。一是贝母基地建设。利用邻村西安村独特的地理气候条件，建立贫困户与非贫困户利益联结机制，组织兰英村有意愿发展贝母产业的贫困户，依托小额扶贫贷款作为启动资金，兰英村贫困户以贷款资金入股，通过“公司＋基地＋农户”的模式，按照自愿原则，异地（西安村）流转土地50亩，发展太白贝母建大棚100个。到2021年，太白贝母基地产值约1000万元，公司按20%（支付前三年土地流转租金及购买保险，负责技术指导），集体按20%（组织协调土地轮流、大棚建设管护等环节），农户按60%进行分红，帮扶集团提供5～10个公益性岗位，用于贝母基地日常管护。贫困户100户361人户均增收3万元。二是以云木香、独活等中药材为主导，因地制宜发展党参、桔梗等中药材，建设标准化、规模化、产业化党参基地，到2019年底达到2000亩。在圆岭建设党参种苗基地50亩，用于双坪社党参基地建设种苗供应，面积达到100亩；在同兴社、牛郎社种植前胡500亩；在高坪社、兰坪社种植白芨、重楼10亩；在高坪社、同兴社、牛郎社、双坪社增种苍术250亩。两个中药材项目建成后，种植产值约1200万元，覆盖5个社236户809人，其中贫困户100户361人，投产后户均增收5000元左右。

中蜂产业。争取县林业局项目，在范西路沿坡同兴社、高坪社种植洋槐树10万株作为花粉基地，发展土蜂，到2019年底达到2000桶。巩固发展养蜂专业合作社1个。建立“合作社＋基地＋农户”的利益联结机制，形成以专业合作社为载体、农户参股的现代经营模式，增加贫困群众收入。项目建成后，养殖中蜂产值约300万元，覆盖2个社160户592人，其中贫困户45户162人，投产后户均增收1500元左右。

光伏产业。发展集体光伏项目，在原县扶贫办实施的65千瓦光伏发电基础上，选择光能资源较好地段——兰坪社，再增建一座65千瓦光伏发电站，作为集体经济收益。项目建成后，每年可为村集体经济创收5万元以上。

资金互助社。成立兰英村资金互助社，帮助有贷款需求的农户发展产业。

山羊产业。在现有板角山羊数量的基础上，稳步向前发展。以同兴社、牛郎社为主体，辐射带动其他三个社。到 2019 年底，饲养山羊达到 2000 只，出栏山羊 800 只。新建扩繁场 1 个，培育养殖山羊 50 只以上的示范大户 10 个、养殖山羊 10 只以上的一般户 50 个。采用养殖场（合作社）托养、借羊还羊、大户带小户、保险公司保险等模式，让贫困户在山羊产业发展中受益。项目建成后，养殖山羊产值约 200 万元，覆盖 5 个村 166 户 581 人，其中贫困户 50 户 180 人，投产后户均增收 3000 元左右。

土鸡产业。巩固发展现有大宁河土鸡。根据农户需求，各社同步发展土鸡，注重在各社培育大户，辐射带动周边小户、散户。到 2020 年底，全村共计发展大宁河土鸡到 15000 只，其中，新建孵化场 1 个，培育养殖 200 只以上示范大户 10 户、50 只以上一般养殖户 50 户。项目建成后，年产值 150 余万元，带动就业 200 余人，覆盖 5 个村 166 户 581 人，其中贫困户 50 户 180 人，投产后户均增收 3000 元左右。

烤烟产业。全村维持烤烟面积 280 亩，带动贫困户 25 户 92 人，户均收入 1 万元。

第三节　实施人居环境提升行动

围绕兰英大峡谷发展旅游态势，优化乡村空间布局和人居环境，打造特色村，建设功能配套完善、人文特色鲜明、人居环境优美、人口聚集适度的旅游扶贫示范村和农村人居环境整治示范点。

村容村貌。全面实施村容村貌及民宿改造工程，开展村落庭院改造、垃圾治理、卫生改厕、畜禽养殖污染治理等环境综合整治，实施净化、绿化、美化、亮化工程。对全村 174 个农房（土坯房 86 户，水泥房 85 户，无房户 3 户），按照古村院落风貌，实行农村人居环境综合连片整治。

民宿改造。打造松花石、周家坪、板壁岩 3 个民宿旅游点，培育农家乐 10 户，整体改善乡村人居环境。

扶贫搬迁。实施 14 户 42 人贫困户异地扶贫搬迁。

环境改善。范西路沿坡栽植洋槐树 10 万株，实施石漠化治理工程。

第四节　实施公共服务提升行动

统筹教育、卫生、文化、体育、社会保障等公共服务设施建设，改善农村硬件和软件设施，推动基本公共服务主要领域的指标接近全县平均水平，从德、智、体、美、娱等多方面提高群众生活质量，增强贫困群众获得感、幸福感。

切实搞好文体服务。按照“七个一”标准建设兰英村 500 平方米文化广场，建设配备文化活动室、文化活动广场、戏台、宣传栏、文化器材、广播器材、体育设施器材，推进公共文化服务标准化、均等化。

努力推动健康扶贫。迁建兰英村卫生室至村便民服务中心，建设面积 90 平方米，标准化配置设施设备，全面提升卫生基础设施条件。进一步完善农村重大疾病医疗救助范围，提高救助水平，基本消除农村家庭“因病致贫、因病返贫”现象。

有效推进电商服务。在兰英村集中区域牛郎、周家坪、高坪三个地方进行选址，建设兰英村电商服务站，推动兰英村土特产品网上销售，确保贫困户持续增收。

加强基层组织建设。加强村支两委班子及驻村工作队自身建设，进一步增强凝聚力、战斗力，担当起推动脱贫攻坚工作落地生效的“主心骨”；拓宽党员干部的视野和能力，定期组织学习考察；配齐配强“村支两委”干部，切实提高“村支两委”干部的思想政治素质和工作能力；充分发挥驻村第一书记的作用，帮助建强村级班子，培养党员致富带头人，鼓励支持党员干部大力发展特色产业。加强人才引进和培育，注重从本地籍大中专毕业生、外出务工经商成功人士中回引人才，注重培育一批农村实用型人才。

第五节　兰英村社会保障提升工程

加强对贫困群众的社会保障，加强培训，实施技能及素质提升工程，提升贫困群众主动脱贫意识，增强内生动力，培育群众发展生产和务工经商的基本技能，提高贫困群众自我发展能力。开展农村公序良俗建设，弘扬传统美德，整体推进群众性精神文明建设。

有效提升社会保障。实施社会保障兜底，实现应保尽保；实施“一户一人一技能”培训计划，加大对劳务经纪人、贫困致富带头人的培训力度，确保有劳动技能的贫困家庭至少掌握一门致富技能；开发农村保洁、护林、公路养护、贝母基地管护、地质灾害、劳动保障协管等乡村公益性岗位，优先安置难以就业的贫困人口、低保对象和残疾人。

开展感恩教育引导。充分利用贫困户院坝会、座谈会、村民会、支部党员会、入户走访慰问等机会积极开展互动感恩等教育活动，增强贫困群众主动脱贫意识，消除等靠要消极思想，树立全村贫困户要脱贫、想脱贫、敢脱贫的新风尚。

第三章　投资概算与资金筹措

第一节　投资概算

本次规划共实施项目 28 个，根据各行业项目投资测算标准和规范，测算总投资规模 2819.4 万元，共涉及 5 个类别。其中基础设施项目 10 个，涉及交通、农田水利、电力、旅游配套等 6 个方面，总投资 1335 万元；农业产业项目 8 个，涉及中药材、土蜂、山羊、土鸡、烤烟、光伏等 7 个方面，总投资 695 万元；人居环境项目 4 个，涉及村容村貌、民俗改造、扶贫搬迁、环境改善 4 个方面，总投资 630.4 万元；公共服务项目 4 个，涉及文化、卫生、电商、村级班子建设 4 个方面，总投资 49 万元；社会保障提升项目 2 个，涉及素质提升、临时基金会成立 2 个，总投资 110 万元。

第二节　资金筹措

兰英村规划资金总额 2819.4 万元，已有资金 1193 万元（包括 300 万元定点包干资金），下差资金 1626.4 万元。资金主要来源为县级部门资金、定点包干资金、帮扶集团资金。

规划资金筹措方案为：县级定点包干资金 300 万元，占总投资的 10.6%；县级部门资金 2266.4 万元，占总投资的 80.4%；帮扶集团资金 103 万元，占总投资的 3.7%，群众投资折劳 150 万元，占总投资的 5.3%。

第四章　保障措施

第一节　强化组织领导

成立兰英村脱贫攻坚指挥部，县委常委、宣传部部长税明斌任指挥长，县人大常委会副主任、县工商联主席杨尚林任常务副指挥长，县人力资源与社会保障局党组书记、局长李世明、县工商联党组书记、副主席李伏平、兰英乡党委书记王美君、兰英乡党委副书记、乡长杨良明任副指挥长，县人社局党组成员、兰英乡班子成员、驻村工作队队员及第一书记为成员统筹协调指挥全村脱贫攻坚工作。指挥部下设指挥协调组、项目组、督查考核组、信息宣传组 4 个专项工作小组。

第二节　改革创新扶贫

——精准扶贫机制

聚焦建卡贫困人口，按照“六个精准”的要求进一步精准落实帮扶措施，按照“项目跟着规划走、资金跟着项目走、项目跟着脱贫目标走”的方式，让有限的扶贫资金用在刀刃上，确保贫困群众直接受益。交通、水利等基础设施建设向贫困人口集中的地方倾斜，产业发展、危房改造、易地搬迁、生态保护等项目优先安排贫困人口。

——利益联结机制

积极推行农村“资源变资产、资金变股金、农民变股东”改革，推动龙头企业、农民合作社与贫困人口建立稳定的利益联结机制。探索扶贫资金采取以奖代补、改补为借、贷款贴息、民办公助、政府购买服务等方式，创新扶贫资金投入机制，资金安排与贫困人口参与度挂钩，与脱贫效果挂钩。

——稳定脱贫机制

严格执行退出标准和程序。开展贫困人口退出精准率及帮扶工作群众满意度调查。建立“扶上马、送一程”后续扶持机制，已脱贫人口到2020年前继续享受扶持政策，持续实施干部结对帮扶。高度重视返贫问题，已脱贫人口出现返贫的，及时建档立卡并开展帮扶。

——贫困群众参与机制

在贫困户识别、脱贫规划制定、扶贫路径选择、扶贫项目实施和扶贫项目监测等各个环节，让群众全程参与，保障群众知情权、决策权和监督权。引导和发动群众投工投劳，产业发展项目鼓励困难群众参与。

第三节　争取政策倾斜

——落实资金投入

从2018年起，争取县财政局每年增加100万元专项资金支持。争取县级部门更多的资金、项目和政策支持。加大县级扶贫资金整合力度，促进项目快速推动。

——强化金融支持

抓好扶贫贴息贷款、扶贫小额信贷、创业担保贷款和助学贷款等工作。抓好贫困村资金互助社增资扩面，优先支持贫困户发展，解决贫困群众融资贷款难。支持贫困户参加有财政补贴的农业保险。

——保障建设用地

抓好生态红线划定，为脱贫攻坚项目建设留足空间。用好新增脱贫攻坚专项用地指标。项目选址要符合土地利用规划，对不符合土地利用总体规划的项目，积极争取国土部门依照程序进行土地规划调整。用足用好城乡建设用地“增减挂钩”政策，抓好“阴阳房”宅基地复垦，及时兑现地票资金。

第四节　动员社会力量

——定点帮扶

县人社局在资金、项目、技术、人才等方面给予支持，派驻“第一书记”到兰英村全面负责脱贫攻坚工作，帮扶成员积极开展对接工作，全面落实帮扶措施。

——招商引资

充分发挥企业在扶贫攻坚中的作用。落实乡级招商引资主体责任，建立协调机制，明确目标任务，创新招商方式，实施精准招商，努力引进有经济实力、有带动能力、有科技含量的企业和项目，带动旅游开发和产业发展。

第五节　加强资金项目管理

——资金管理机制

强化财政、扶贫等职能部门的监管责任，采取严管措施确保扶贫资金安全运行、规范管理和有效使用。建立“三重一大”事项决策机制，重大资金安排、重要事项坚持集体决策。扶贫资金安排使用向社会公示公告。财政扶贫资金实行专户专账和报账制管理。

——项目推进机制

严格项目管理，遵守基本建设程序，按规定招投标。严格对扶贫项目进行审计，落实项目质量责任终身追究制。

第六节　加强脱贫攻坚宣传

注重通过精神扶贫强化内生动力，培育好的精神状态、好的乡村环境、好的乡风民风，引导贫困群众摒除“等靠要”思想。把政策宣传、群众动员、典型打造、资源推介、工作交流作为脱贫攻坚宣传工作的重要内容，充分利用广播、电视主流媒体和微信、网络、宣传栏、标语等手段，形成多层次、多形式、全方位的宣传舆论态势，助力脱贫攻坚快速推进。

第七节　严格督查考核评估

指挥部下设督查考核办公室实行“半月一督查、一月一通报”制度，负责对相关制度的执行情况进行检查，为全面完成脱贫任务提供纪律保证，负责对基层党组织建设，基层党组织和基层党员干部在脱贫攻坚中履职情况进行检查督查，负责对驻村工作队选派、管理、考核工作，完成指挥部交办的其他任务。

◉ 主要参考文献

1.〔宋〕宋祁、欧阳修等著 :《新唐书》，中华书局，2000 年 10 月。

2.〔清〕张朝墉校对 :《大宁县志》，1914 年 6 月。

3.〔清〕恩成修、刘德铨修纂，奉节县地方志办公室整理 :《夔州府志》，中华书局，2011 年 10 月。

4.〔清〕高维岳修纂，巫溪县地方志编纂委员会整理 :《大宁县志》，1985 年 7 月。

5.〔清〕连山、李友梁编纂 :《巫山县志》，1893 年 3 月。

6. 房县地方志编纂委员会编纂 :《房县志》，中国文史出版社，1991 年 7 月。

7. 巫溪县地方志办公室编纂 :《巫溪县志》，四川辞书出版社，1993 年 4 月。

8. 神农架林区地方志编纂委员会编纂 :《神农架志》，湖北科学技术出版社，1996 年 12 月。

9. 江碧波编 :《礼巫盛典》，重庆出版社，2003 年 10 月。

10. 李晓红、刘朝敏编撰 :《巫溪历史文化》，重庆出版社，2012 年 8 月。

11.《寻秘巫溪》编辑委员会编 :《寻秘巫溪》，重庆出版社，2013 年 2 月。

◉ 编纂始末

兰英村是灵动的，编者深入兰英村采访、研究、感悟，深感要写出兰英村的名和特实属不易。幸运的是编者是兰英村土生土长人氏，从小就爱上了阴条岭原始森林四季变化的斑斓色彩，爱上了兰英大峡谷里的天籁乐章，那里的一草一木，一鸟一兽，一石一峰都是生命里不可或缺的伙伴；而兰英村人文情怀的滋养，更是不可或缺的精神食粮。兰英村博大精深的巫文化，独树一帜的五句子山歌，质朴的民间故事，都是独特的兰英品牌。兰英人的生活生产习俗，古老而新奇，尤其是婚俗和丧俗，仪式隆重得外人无法想象，其中包含的文化内涵丰富深邃，光辉四射。兰英村是山水人文旅游的极佳目的地。要把这些都写到《兰英村志》里，同时要反映出兰英村全面发展的历程，于是编纂《兰英村志》从选材和立意上有了根据，同时有了不言而喻的重大意义。

巫溪县各级领导十分重视《兰英村志》的编纂工作，2017 年 3 月成立了《兰英村志》编纂委员会，由分管副县长任主任，县志办主任任副主任，县志办、县档案局、兰英乡、兰英村等主要领导为成员。在收集资料、采访人员、熟悉情况后形成大纲，大纲得到重庆市志办领导和专家的指导，几易其稿。2017 年 6 月底完成初稿，经县专家审改后报送市志办，市志办请相关专家审阅后提出修改意见，2017 年 7 月中旬将修改稿提交市志办报中国地方志指导小组，由中国地方志指导小组专家审阅后提出修改意见，编者逐条修改完善，于 2017 年 9 月下旬形成定稿。因本书所选照片及诗词文章众多，部分作品未能在出版前联系到著作权人，请著作权人看到后及时联系。在此，一并致以衷心的感谢！

《兰英村志》在编纂的过程中得到了各级领导、专家的指导、帮助，在此一并致以诚挚的谢意。由于编者主客观条件有限，难免有疏漏之处，敬请有识之士批评指正。

编　者

2017 年 9 月